Bettina Egger
Der gemalte Schrei

Bettina Egger

Der gemalte Schrei

Geschichte einer Maltherapie

Zytglogge

Autorin und Verlag danken der
»Emil und Rosa Richterich-Beck Stiftung«,
Alfred Richterich sowie Alois Diethelm
für die Unterstützung des Buchprojekts.

Umschlagbild: Lynn
Lektorat: Hugo Ramseyer
Satz: TypoBauer, Ostfildern
Druck: Merkur-Druck Mayer GmbH, Ostfildern
ISBN 3-7296-0382-5

Zytglogge Verlag Bern, Eigerweg 16, CH-3073 Gümligen
Zytglogge Verlag Bonn, Cäsariusstrasse 18, D-W-5300 Bonn 2
Zytglogge Verlag Wien, Strozzigasse 14–16, A-1080 Wien

Inhalt

Statt eines Vorwortes

Liebe Lynn,

es sind jetzt ziemlich genau zehn Jahre her, seit wir uns kennengelernt haben. Eine lange Zeit. Nun liegt das fertige Buch vor mir, das unsere Zusammenarbeit beschreibt. Wenn ich es anschaue, wird die gemeinsame Zeit für mich wieder ganz lebendig, und ich denke gerne daran zurück.

Das Wichtigste an dieser Aufzeichnung ist für mich der mittlere Teil, Deine Bilder und die Beschreibungen unserer Interaktionen. Sie spiegeln Deinen großen Einsatz und Mut und unsere gemeinsame Anteilnahme an der Arbeit wieder. Deine Bilder und Deine Geschichte berühren mich auch heute noch sehr, und ich danke Dir, daß Du mir die Erlaubnis gegeben hast, sie auch anderen mitzuteilen.

Im ersten Teil des Buches habe ich versucht, unser gemeinsames Erlebnis in das theoretische Umfeld der heutigen Forschung in der Kunsttherapie und ihren angrenzenden Gebieten zu setzen. Damit wollte ich die Zugehörigkeit unserer Arbeit zum Ganzen aufzeigen.

Im dritten Teil wollte ich das aufschreiben, was ich in unserer Zusammenarbeit gelernt habe, die theoretischen und praktischen Schlüsse, die ich aus ihr gezogen habe. Ich hoffe, damit einen Beitrag für diejenigen zu leisten, die sich um diese Fragen Gedanken machen.

Ich freue mich sehr, daß unser gemeinsames Erlebnis nun auch schriftlich zusammengefaßt ist, und danke Dir nochmals herzlich dafür.
Mit lieben Grüßen

Bettina
Zürich, im Februar 1991

1. Bild und Seele

> Ich beobachtete Marc, auf dem Boden ausgestreckt, Farbkreiden um ihn herum verstreut. Sein Gesicht war vor Aufregung gerötet, und er malte mit trancehafter Konzentration. Seine Mutter kam herein: «Was malst du?» «Gott», sagte er mit Überzeugung. «Aber wir wissen doch gar nicht, wie Gott aussieht», antwortete seine Mutter. «Wart ein bißchen», sagte Marc, etwas verärgert über ihre Beschränktheit, «ich zeichne ihn jetzt, und dann wissen wir es.»

> Robert Schumann: «Ich nehme an, daß er (ein Musikkritiker, der die ‹Kinderszenen› erklärte) annimmt, daß ich mir ein weinendes Kind vorstelle und dann versuche, die richtigen Noten dafür zu finden. Genau das Gegenteil ist der Fall.» (Alfred Palmer, 1971)

Diese Geschichten illustrieren die Grundannahme dieses Buches: *Die Kreation findet vor der Einsicht statt*! Durch die Kreation entsteht etwas, das dem schöpferischen Menschen zuvor *nicht* bekannt war. Der schöpferische Akt ist die Entdeckung der Metapher.

Bilder haben seit allen Zeiten die Menschen begleitet, haben Unfaßbarem Gestalt gegeben. Die Kraft der Bilder wurde vor allem von doktrinären Führern erkannt. In seinem Artikel «Luther und die Folgen für die Kunst» hält Werner Hofmann fest, daß Kunst sowohl eine Metapher für die gegenwärtige Zeit, wie eine Vision für die Zukunft ist. Er illustriert den gewaltigen Einfluß von Bildern am Beispiel Luthers, der, um die neue Doktrin zu festigen, die Bilder und Skulpturen, die den Ausdruck des alten Glaubens in sich trugen, zerstören mußte. Während des Dritten Reichs wurde die zeitgenössische Kunst ebenfalls verbannt, und die Künstler waren gezwungen, Allegorien auf die neuen «Werte» zu schaffen. Dasselbe geschah unter Stalin nach der russischen Revolution. *Allan Watts* faßt zusammen:

> Totalitäre Staaten jedoch kennen die Gefahr des Künstlers ... Sie wissen intuitiv, daß der Künstler nicht ein harmloser Exzentriker ist, sondern einer, der unter der Verkleidung von Irrelevanz eine neue Realität schafft und erkennbar macht (1961).

Bilder entziehen sich der Kontrolle des Geistes, sie sind unfaßbar und machen daher Angst. Heute, in einer Zeit, in der allem Unfaßbaren zu Leibe gerückt wird, versucht man auch die Bilder zu verstehen, ihnen eine bestimmbare Bedeutung zuzuschreiben, sie statistisch zu erfassen. Diese Bemühung, sie in eine naturwissenschaftliche Weltanschauung einzuordnen, kostet sie jedoch ihre Energie, bezähmt sie und reduziert sie auf eine flache, schale Ebene.

Wenn man in der Kunsttherapie von «Fällen» spricht, betont man oft, daß dies passierte, weil das andere geschehen war. Wie bei einer Haarwuchsreklame streicht man das «vorher» und «nachher» heraus. Wie können wir wissen, ob eines wirklich vom anderen kommt? Ich möchte zum Verständnis des Malprozesses viel lieber das holographische Modell verwenden: Das ganze Bild ist in allen seinen Teilen enthalten. Das gemalte Bild steht also nicht für einen Teil von uns, sondern wir sind als Ganzes im Bild gespiegelt. Wenn wir nach dem Malen erkennen, daß wir irgendwie mit dem Bild zu tun haben, ist das kein Wunder und kein Ereignis. Es ist die Schöpfung des Bildes, die das Ereignis ist. In keiner Weise können wir sagen, daß ein Ereignis zum nächsten führt, sondern nur, daß die Summe unseres Lebens in den Bildern enthalten und gehalten ist und daß wir durch diese Bilder einen kleinen Blick auf seine Ganzheit werfen können.

In dem Bemühen, Bilder und Malprozesse zu verstehen, kann «Warum» nie die Frage sein, denn sie führt immer zu einer Erklärung, die einer weiteren Erklärung bedarf. Nicht einmal das «Wie» kann in bezug auf Bilder von Interesse sein. *Nur das «Daß» ist für Bilder wesentlich – sie müssen «gebildert», in unserem Fall gemalt werden.* Damit möchte ich mich deutlich nicht nur von der analytischen, interpretativen Theorie der Kunsttherapie absetzen, sondern auch von der humanistischen. Obwohl die humanistische Kunsttherapie meist von direkten Deutungen der Bilder Abstand nimmt, wird das Bild ebenso mißbraucht. Es genügt nicht in sich selbst, sondern wird meistens im Dienste der Therapie in Übungen (Identifikationen) verwendet, oder um den Gruppenprozeß zu verdeutlichen. «Wir versündigen uns am Bild, wenn wir es um seine Meinung fragen, wenn wir die Bilder dadurch in Konzepte verwandeln.» (Hillmann, 1977) Ich verstehe das Bild als eigenständige Ganzheit ohne weiteren Ursprung, ohne weitere Bedeutung und ohne weiteren Nutzen, an dem man tun muß, was zu tun ist.

Bilder und das Heilen

Seele ist Bild, sagt *C. G. Jung.* Wenn wir «bildern», Bilder erschaffen, erschaffen wir Seele. Wenn wir Bilder machen, geben wir der Seele ein

Gefäß. Die Seele macht sich uns durch Bilder erkenntlich, wir lernen ihr Wirken durch das Schaffen von Bildern kennen. Oft sind uns solche Bilder nicht so willkommen, sie sind anders, als wir wollten, sie sind fremd. Sie sind daher oft beunruhigend. Dann rennen wir zum Priester, zum Arzt oder zum Therapeuten: «Bitte, nimm meine schrecklichen Bilder weg, oder ändere sie wenigstens, ich leide!» rufen wir. James Hillman sagt: «Wir leiden, hat man bis jetzt behauptet, weil wir krank oder sündig sind, und die Heilung unseres Leidens verlangt entweder Wissenschaft oder Glaube.» (1975)

Der Therapeut gibt uns eine Erklärung für das Bild: «Dies zeigt, daß du an Verfolgungswahn leidest.» Wenn man Bilder erklärt, tötet man sie, egal ob die Erklärungen von Therapeuten oder von Patienten stammen. Die Erklärung oder Interpretation schafft Distanz zwischen dem Malenden und seinem Bild und löst verzweifelte Schutzversuche aus. Die Malsitzungen werden dann zu «Fang-mich-doch»-Situationen, mit vielerlei Widerständen und «Techniken» oder «Übungen», die diese Widerstände auflösen und die Patienten dazu verführen sollen, doch noch etwas von sich herzugeben oder zu resignieren.

Das Bilderschaffen wird heute an die sozial oder klinisch «Ver-rückten» delegiert - an die Künstler und an die seelisch Kranken. Museum und Klinik, Kunstkritik und Kunsttherapie binden Bilder an einen Ort und in eine Theorie, die den Betrachter vor ihrer Einwirkung schützen. Künstler wie Patienten stehen diesen Erklärungen wehrlos und unverstanden gegenüber. *René Magritte* schreibt in einem Brief an *Michel Foucault*:

> Der Mechanismus, der diesem Werk (eines seiner Bilder) zugrunde liegt, könnte als Objekt für akademische Erklärungen dienen, derer ich unfähig bin. Die Erklärung wäre wertvoll, sogar unwiderlegbar, aber das Geheimnis würde unvermindert bestehen bleiben. (1982)

Mit immer differenzierteren Erklärungen wird das Bild zur Unbeweglichkeit reduziert.

Bevor Kunsttherapie als Beruf in Erscheinung trat, haben Ergotherapeutinnen, Kindergärtnerinnen, Lehrer, Freizeitbetreuer, Eltern mit den ihnen Anvertrauten gemalt und gezeichnet. Sie haben dem Bild erlaubt, Raum einzunehmen, haben es manchmal korrigiert, aber sie fühlten sich nicht veranlaßt, diese Bilder zu verstehen oder sie zu interpretieren.

Heute erhebt das medizinische Modell Anspruch auf Gültigkeit und schlägt vor, ein Bild zu malen, um Zugang zum «wirklichen Material», Zugang zum Gespräch, Zugang zur «Tiefe», zur Beziehung, zum Gruppenprozeß etc. zu finden. Das Bild wird auseinandergenommen, auf Elemente reduziert, mit Bedeutung beladen, interpretiert, seziert.

Nun wurden paramedizinische Spezialisten, mit allen Minderwertigkeitsgefühlen und hierarchisch niederen Positionen, die dieser Gattung eigen sind, geschaffen – die Kunsttherapeuten. Sie kämpfen jetzt darum, auch als echte Heiler anerkannt zu werden, medizinisch akzeptiert zu werden wie die richtigen Mediziner. Sie versuchen daher, die Bilder in Kategorien zu drücken, die die diagnostischen Forderungen der Krankenkassen erfüllen und die als naturwissenschaftliche Daten der Forschung zugänglich gemacht werden können. Ein letzter Schonraum der Seele wird somit zerstört.

Die Neubenennung der Leute, die anderen helfen, Bilder zu malen, als «Kunsttherapeuten» hat das Schaffen von Bildern endgültig in das Gebiet der Therapie, der Krankheit verschoben. Jetzt sind die Bilder dazu da, die Pathologie auszudrücken, sie sind zu etwas geworden, das man verstehen muß. Früher hatten die Leute Angst vor dem Malen, weil die Bilder falsch aussahen; heute haben sie Angst davor, weil es zuviel oder das Falsche von ihnen verrät. Durch ihre gemalten Bilder dringen Fremde in sie ein, die sie und ihre Bilder verändern, manipulieren, heilen wollen. In meiner Kindheit wurde mir in der Schule genau gesagt, wie ein Baum, ein Mensch, ein Haus auszusehen hatte. Gewisse Bilder waren richtig, andere falsch. Zu dieser Zeit hatten die echten Bilder die Möglichkeit, sich in den Untergrund zu verziehen und auf bessere Zeiten zu warten. Heute gibt es zwar keine falschen Bilder mehr, aber es ist nur der Inhalt der Manipulation, der sich verändert hat, nicht das Bestreben, Bilder zu kontrollieren. Die Bilder müssen nun nicht mehr realistisch sein, sie müssen fließen, sie müssen tief, ausdrucksstark sein. Die Leute sind nicht mehr unglücklich, weil das Haus perspektivisch nicht richtig ist, sondern weil es verschlossen wirkt. Bilder sind nicht mehr falsch, sondern krank – für mich eine ungleich schädlichere Haltung. Bilder müssen nun plötzlich durchschaut werden, sie sind zu etwas mit einer Bedeutung dahinter geworden, die nur der Eingeweihte entschlüsseln kann. Das Verständnis soll das Bild bewegen, sich in etwas Akzeptableres zu verwandeln. Akzeptabler für wen?

Bilder haben einen Sinn, nicht eine Bedeutung

Abstraktionen, Symbole und Allegorien sind nicht Bilder, sondern bildliche Erklärungen, illustrierte Gedanken. Sie reduzieren die Erfahrung auf ein lineares Verstehen und können daher nicht als «Bilder» bezeichnet werden. Sie sind das Resultat einer medizinischen oder religiösen Weltanschauung und verlangen nach einer solchen erklärenden Sprache. Nur der Inhalt der religiösen Sprache hat sich verändert, nicht die Sprache selbst.

Eine Metapher hat einen Sinn, ein Symbol hat eine Bedeutung. Dies wird oft verwechselt oder als gleichbedeutend behandelt. Ein Symbol entsteht jedoch anders als eine Metapher. In ihrer Ungeduld kommen die Malenden und wollen ihre Gefühle malen, ihre Ängste, ihre Wut, ihre Träume, die sie dann illustrieren. («Dieses Bild drückt meine Freude und meine Verbindung mit der Welt aus.») Das Bild wird damit auf eine Illustration des Krankheits- oder des Idealzustandes reduziert. Das Erschaffen des Bildes wird vom Ich übernommen, es wird von Gedanken und Wünschen kontrolliert. *Das Erschaffen von Bildern hat nichts mit dem Ausdenken von Symbolen zu tun. Eines der wichtigsten Merkmale der Seelenarbeit ist ja gerade, daß die Bilder als völlige Überraschung für die Malenden kommen.* Sie haben oft das Gefühl, keine Wahl zu haben, was zu malen ist oder wie, oder wann es fertig ist.

Bilder lösen Ehr-Furcht aus. Diese Ehrfurcht ist oft schwierig zu ertragen, sowohl für die Malenden, die das Bild empfangen, wie für die Therapeuten, die sein Entstehen begleiten. Dann versucht man, das Bild durch Erklärungen zu distanzieren, um sich sicherer zu fühlen. Mit «Verstehen» scheint man das Bild in den Griff zu bekommen, und das verhindert die wirkliche Arbeit mit dem Bild.

Der Sinn des Bildes ist das Sinnbild. Er liegt nicht im Anstreben von Spitzenerfahrungen, tiefen Einsichten, Erleuchtungen. Die Zeit, in der Bilder geschaffen werden, ist eine Zeit der Stille. Man bemüht sich zum Beispiel, etwas räumlich darzustellen. Man ist damit beschäftigt, Farbe aufs Papier aufzutragen, und damit, wie das am besten geht. Und man kümmert sich darum, ob alles auf dem Bild ist, was dort sein muß, oder ob das Bild fertig ist. Was für wichtige Fragen und wie schwierig zu beantworten!

Bilder zu schaffen geht langsam: « . . . die Vertiefung des psychologischen Raumes wird durch Langsamkeit vergrößert». (Hillmann 1977)

Wenn der Therapeut neben dem Patienten sitzt und darauf wartet, daß er das Bild beendet, damit man darüber reden kann, hat das Bild keinen Raum, um sich entfalten zu können.

Bilder sind weder gesund noch krank, auch wenn jemand kommt und sie so bezeichnet. Tatsächlich habe ich die Erfahrung gemacht, daß die Malenden oft weniger Angst vor ihren Bildern haben als die Therapeuten, denen ich sie gezeigt habe. Im besten Fall sind die Malenden zu «unwissend», um Angst zu haben. Leider ist es jedoch oft auch so, daß die Malenden schon beladen mit Interpretationen kommen und keine «düsteren», «schwarzen», «roten», «geteilten», «unharmonischen», «kitschigen» Bilder malen wollen, weil sie diese Farben und Kompositionen im Kopf als «depressiv», «traurig», «aggressiv», «schizoid», «unausgewogen», «unkultiviert» interpretieren und die Bilder, die ihnen in den Sinn kommen, ablehnen. Sie wollen andere Bilder. Diese zerstörerische Selbstinterpretation ist eine direkte Konsequenz, die aus der Haltung gewachsen ist, ein Patient könne seine Bilder selbst am besten erklären.

Die Arbeit am Bild ist eine Tätigkeit, nicht ein Gespräch.

Bilder malen findet an der Oberfläche, am Offensichtlichen statt. Es werden Bilder, Dinge gemalt, nicht Gefühle. Es wird ein Baum gemalt, nicht das Wachsen. Dingwörter, die in ein Verb umgewandelt werden können, keine Dinge mehr. Verben rufen keine Bilder hervor, denn die Tätigkeit ist das Wesentliche. Man kann die Liebe nicht darstellen, man muß lieben, Wachstum kann nicht gemalt werden, man muß wachsen. Das Bild des Baumes jedoch gibt der Seele viele, auch gleichzeitig gegensätzliche, Möglichkeiten, sich zu spiegeln.

Bildnerischer Ausdruck darf nicht eine weitere Therapiemöglichkeit sein, in Symbolen darzustellen, was eigentlich *getan* werden müßte. Liebe darzustellen ist ein intellektueller Ersatz, der darüber hinwegtäuscht, daß man z. B. nicht genügend liebt. Die wirkliche Arbeit am Bild übt jedoch metaphorisch die Tätigkeiten (sich hingeben, loslassen, klären, Risiken eingehen), die einem so schwer fallen. Wie oft kommt zum Beispiel das Thema «Loslassen» im Atelier vor - eine weitere Vergegenständlichung, die nicht dargestellt werden kann. Eine Schnur, die eine Ente festhält, zu übermalen (siehe S. 101), wird jedoch «tat»-«sächlich» zum Loslassen.

Die Rolle der Malleiterin

Kunsttherapie hat etwas mit Hebammendienst zu tun. Die Kunsttherapeutin ist die Person, die sagt: «Ja, dieser Schmerz gehört zum Gebären - ja, nicht alle Kinder, die geboren werden, sehen schön aus - ja, der Tod gehört auch dazu.» All dies Ehr-fürchtige ist jedoch kein Grund, das Gebären zu unterbrechen. Hebammen stehen zwischen Medizin und Religion, sie haben von beidem einige Kenntnisse, aber vor allem haben sie Kenntnis vom Prozeß. Sie wissen, wann zu drücken und wie zu atmen, wo zu massieren ist, wie der Prozeß erleichtert werden kann. Sie wissen, was man alles vorbereiten muß, wann es beendet ist und wie man das Kind empfängt und pflegt. Sie sind sich bewußt, daß sie zwar für den Geburtsprozeß hilfreich und angstvermindernd, aber nicht unerläßlich sind.

Das gleiche gilt für das Bilderschaffen. Die Bildhebamme weiß, wie der geschlossene Raum vorzubereiten und welches Material nötig ist. Sie kennt die Ängste und das Zögern der Malenden. *Ihre Arbeit steht aber vorwiegend im Dienst der Bilder und der Malprozesse, nicht der Malenden.* Sie sorgt für das Bild und hat es manchmal sogar für den Malenden lieb.

Es ist überheblich zu denken, daß man selber das Bild ist, oder daß das Bild einen Teil der Malenden darstellt. Genauso wie das geborene Kind ist das Bild eine Ganzheit in sich selbst, aus der Malenden entstanden und eng mit ihr verbunden; sie hat es geboren, aber es ist nicht sie. Man soll das Bild entstehen lassen, in Kontakt mit ihm treten, es kennenlernen, ihm dienen, indem man ihm die Hand, die Pinsel, die Farbe, das Papier zur Verfügung stellt.

Die Arbeit am Bild

Die Arbeit am Bild findet im Moment statt. «(Das Bild) zielt nicht auf etwas hin oder bezieht sich auf etwas anderes; es ist einfach und besteht in sich selbst.» (*Ernst Cassirer*, zitiert in Tauber und Green, 1959) Mit dem Bild arbeiten heißt, sich spielerisch damit beschäftigen («to occupy» heißt auch, «sich vom Bild besetzen lassen»). Diese Beschäftigung mit dem Bild ist so lange möglich, wie die Maltherapeutin keine Angst vor dem Bild hat. Die Haltung, nicht die Handlung der Malleiterin, setzt der Arbeit am Bild die Grenzen.

Meine Arbeit im Malatelier ist darauf gerichtet, daß die Malenden in Kontakt mit ihrem Bild kommen. Kontakt wird in der Humanistischen Psychologie als «Berührung» (meistens im übersetzten Sinn) definiert und schließt sowohl sensorische Wahrnehmung wie motorisches Verhalten ein. «Kontakt ist implizit unvereinbar mit Gleichbleiben.» (*E. u. M. Polster*, 1974) Wenn wir an Michelangelos Adam in der Sixtinischen Kapelle denken, erhalten wir einen bildhaften Eindruck, wie belebend Kontakt sein kann.

Kontakt mit der Innen- und Außenwelt man vergißt manchmal, daß beide zu einem großen Teil aus Bildern bestehen – erlaubt Wahrnehmung und ermöglicht Wandlung. Kontakt findet plötzlich statt: entweder ist er, oder er ist nicht. Wandlung hingegen ist langsam. Wenn Kontakt entstanden ist, kann Veränderung beginnen, und neuerliche Kontaktmomente gewährleisten Kontinuität. Es gibt große und kleine Kontaktmomente. Wenn man nach großen Kontaktmomenten strebt, verhindert man sie.

Kontakt ist immer spontan. Er ist wie Elektrizität. Auch Elektrizität wird nicht vollständig verstanden, aber man kann ihre Auswirkung deutlich sehen. Wenn man Kontakt auslöst, z. B. einen Schalter bedient, fließt der elektrische Strom plötzlich durch den Apparat, und es gibt Licht. Das gleiche gilt für Kontakt mit dem Bild. Im Moment, in dem Kontakt gemacht wird, fließt Energie, und die Erleuchtung folgt. Kontakt löst Dilemmas.

In der Gestalttherapie wird Kontakt als «dynamische Beziehung» definiert. Also *müssen* die gemalten Bilder einen Einfluß auf die Malenden haben; d. h. die Malenden müssen sich in irgendeiner Weise als Folge der gemalten Bilder verändern, sonst hat definitionsgemäß kein Kontakt stattgefunden. Solche Veränderungen können auf dem Bild sichtbar werden: Teile werden übermalt, Vorstellungen von dem, was oder wie gemalt werden sollte, verändern sich, Neues wird wichtig. Oft verändert sich die Stimmung der Malenden. Fast immer kann die Veränderung auch physisch beobachtet werden: Veränderung des Atemrhythmus. Lachen, Weinen, Auftreten oder Verschwinden physischer Schmerzen. Ein starkes Gefühl von «so ist es richtig» und von Überraschung begleitet solche Kontaktmomente. Ein weiteres Zeichen für geschaffenen Kontakt besteht darin, daß die Malenden konkrete Erinnerungen, nicht Gefühle, haben und ihnen neue Zusammenhänge einfallen.

In den 25 Jahren meiner Arbeit mit malenden Kindern und Erwachsenen habe ich beobachtet, was den Kontakt mit dem Bild fördert, was für diesen Kontakt unwesentlich ist und was ihn hindert. Am Beispiel der Arbeit mit Lynn und ihren Bildern möchte ich einige dieser Punkte aufzeigen und in einem weiteren Teil die Interventionen beleuchten.

Bilder machen die Seele existent. Bilder zu malen ist daher existentiell. In unserer Zeit werden wir von Bildern aus Fernsehen und Illustrierten überschwemmt. Es sind aber Bilder, die immer sehr spezifisch sind, nicht generell, wie Hillman betont. Also keine Gefäße für Angst, Heiligkeit, Grausamkeit, Seligkeit. Sie zeigen Prinzessin Di, nicht eine Prinzessin, ihr Kleid leuchtet nicht mehr wie die Sterne, man erkennt es genau und kann abschätzen, was es gekostet hat. Die Details der heutigen Bilder sind zu sehr festgelegt. Es braucht mehr und mehr Bilder, und trotzdem verarmt die Seele dabei, ähnlich wie Zucker den Körper nicht nährt. *Diese Verarmung verlangt eine individuelle Anstrengung jedes einzelnen, eigene Bilder zu schaffen.*

Zur Geschichte von Lynns Bildern

Das, was ich über Bilder und Malprozesse sagen möchte, ist schwierig in Worte zu fassen. Nicht einmal die Bildbeispiele zeigen wirklich, was ich vermitteln möchte. Losgelöst vom Entstehungsmoment wirken sie oft fast banal, inexpressiv. Das Erlebnis während des Malens war jedoch so aufregend, daß ich oft Hühnerhaut bekam.

Trotzdem möchte ich über Bilder und Bildermalen, über die Arbeit mit Bildern schreiben. Anstatt Erklärungen für die Bilder zu geben, möchte ich daher Geschichten erzählen. Mögen sie als Metaphern für die Geschichten der Malenden gelten, vielleicht auch als Metaphern für menschliche Schmerzen und Leiden, Kämpfe und Streben. Menschen müssen einen Sinn in ihrem Leiden erkennen, um es ertragen zu können. Bilder vermitteln diesen Sinn und erweitern damit die Tiefe und die Möglichkeiten der menschlichen Erfahrung.

In diesem Buch möchte ich die Geschichten um Lynn erzählen. Der einzige lineare Aspekt der Geschichten ist die chronologische Anordnung der Bilder, sie wurden tatsächlich in dieser Reihenfolge gemalt. Das Verblüffende dabei ist, daß keine Absicht bestanden hatte, eine Geschichte zu entwickeln, obwohl die Bilder so hintereinander gemalt worden waren. Viele werden andere Geschichten in diesen Bildern erkennen, weil jeder Mensch sehr viele zutreffende Geschichten hat. Die Geschichten und die gemalten und geträumten Bilder mögen als Metaphern für die Existenz von Lynn gelten, und im tiefsten Sinn als Metaphern für unsere eigene Existenz.

Ich verstehe meine Arbeit mit Lynn auf dem weiteren Hintergrund der Forschungen auf dem Gebiet der Kreativität, der Traumarbeit und der Metaphern. Im folgenden möchte ich daher kurz auf diese Gebiete eingehen.

Zwei Lehrer waren für meine Arbeit richtungweisend: Zum einen hat *Arno Stern* meinen tiefen Respekt vor dem Bild geprägt. Seine Theorie der Grundformen, der Grammatik der Kindermalerei, die ich 1964 bei ihm in Paris kennenlernte, hat meiner Arbeit eine Grundrichtung gegeben, die mir heute noch teuer ist. Zum anderen hat mir 1986 die Begegnung mit *James Hillman* und mit seinen Büchern eine wesentliche Vertiefung und leichte Verschiebung meiner Arbeit ermöglicht, deren Konsequenzen immer gewichtiger werden. Ihnen und allen anderen Lehrern bin ich dankbar, daß sie ihr Wissen und ihre Erfahrung mit mir geteilt und meine Arbeit ernst genommen haben.

2. Kreativität

Kreativität ist eine schwer zu fassende Qualität. Versuche, sie zu definieren, enden oft in Auseinandersetzungen, denn man kann die Kreativität nicht in einfache Kategorien einteilen. Kreative Menschen werden gleichzeitig geliebt und gefürchtet. Manchmal denkt man, sie befänden sich am Rande des Verrücktseins. Sie sind einfach speziell. «Der kreative Mensch ist gleichzeitg primitiver und kultivierter, zerstörerischer, viel verrückter und viel gesünder als der durchschnittliche Mensch.» (F. Barron, 1962)

Oft wird die Kreativität mit dem Produkt verwechselt, das Sein mit dem Tun. Malen wird fälschlicherweise manchmal als «kreativ» bezeichnet, auch wenn das Resultat weder neu noch innovativ ist. Andererseits wird zeitgenössische Kunst als «nicht kreativ» abgewertet mit den Worten: «Das könnte ich auch.»

Was heißt es denn nun, kreativ zu sein?

Struktur der Kreativität

Abraham Maslow, einer der bedeutendsten Forscher auf diesem Gebiet, sagt: « ... dies (die Kreativität) tönt so, als ob wir es mit einer grundlegenden Charakteristik zu tun hätten, der menschlichen Natur eigen, ein Potential, das allen oder den meisten Menschen von Geburt an gegeben ist, das oft verloren, begraben oder verhindert wird, wenn die Person kultiviert wird.» (in Rothenberg & Hausman, 1976)

Viele Autoren haben sich mit der Struktur der Kreativität auseinandergesetzt.

Silvano Arieti versteht die Kreativität als eigenständigen, tertiären Denkprozeß und setzt ihn damit deutlich von wahnhaften Denkprozessen ab. Er unterscheidet vier Stadien im Verlauf eines kreativen Vorganges:

a) Vorbereitung - Erkennen eines Ungleichgewichts
b) Befruchtung - Erlauben des primären Denkprozesses
c) Erleuchtung - Plötzliches Verstehen auf eine große, neue Weise
d) Verifizierung - Durcharbeiten mittels sekundärem Denkprozeß

Wie Arieti und andere glaube auch ich, daß es immer eine Unstimmigkeit ist, die den Menschen zu einer kreativen Leistung anspornt. «Die begabtesten Mitglieder der menschlichen Rasse sind auf ihrem kreativen Höhepunkt, wenn sie ihren Willen nicht durchsetzen können.» (Hoffer, 1964)

William Gordon kam durch seine Untersuchungen zum Schluß, daß das Ausmaß der Kreativität nicht angeboren ist, sondern geschult werden kann. Er entwickelte eine Methode, «Synetics», in der er den kreativen Vorgang in zwei gegenseitig abhängige Prozesse aufteilte: das Bekannte unbekannt machen (der Erfindungsprozeß) und das Unbekannte bekannt machen (der Lernprozeß).

Kreativität und das Produkt

Nicht alle Autoren sind sich einig, was unter Arietis Verifikation zu verstehen sei. Während Maslow der Meinung ist, daß Haushalten, Kochen, Elternschaft genügend Beweise für kreative Handlungen darstellen, ist *Carl Rogers* überzeugt, daß sich dieser Prozeß in einem Gedicht, einem Bild oder einer Erfindung niederschlagen müsse. Eine weitere Kontroverse besteht zwischen der Auffassung, daß alle Menschen Künstler sind (Warhol, Beuys), und der Auffassung von *Paul Goodman*: «Alle Menschen sind kreativ, aber nur wenige sind Künstler.» (1960) Ich bin der Meinung, daß Lynn zwar sehr kreativ und talentiert ist, aber zur Zeit der Therapie keine Künstlerin war. Ihre Auseinandersetzung mit dieser Frage war ein wichtiger Aspekt ihrer Arbeit mit mir.

Kreativität und das Hirn

Das Gebiet der Hirnforschung ist neu und aufregend. Ich möchte einige Aspekte davon aufführen, ohne den Anspruch auf Vollständigkeit zu erheben oder auf Besonderheiten wie Linkshändigkeit einzugehen. Ich möchte davon nur erwähnen, was für mich in bezug auf die nachfolgenden Malprozesse wichtig geworden ist.

Es besteht kein Zweifel, daß wir Information nicht nur verbal, sondern auch nonverbal verarbeiten. Wir wissen alle, wie eine Banane schmeckt, es würde uns aber schwerfallen, das in Worte zu fassen.

Die Hirnforschung wurde in den sechziger Jahren mit Patienten durchgeführt, bei denen die Verbindung der beiden Hirnhälften aus medizinischen Gründen getrennt waren. Wenn wir also die nachfolgenden Ausführungen lesen, dürfen wir nie vergessen, daß im Normalfall die beiden Hirnhälften immer interaktionell miteinander arbeiten und daß wir daher nie solche geteilten Wahrnehmungen haben.

Verschiedene Prozesse werden im Hirn an verschiedenen Orten lokalisiert. «Aufgrund dieser Analyse ist die linke Hemisphäre auf Sprachfunktionen spezialisiert, aber *diese Spezialisierungen sind eine Folge der überragenden analytischen Fähigkeiten der linken Hemisphäre*, von denen die Sprache eine Manifestation ist. Ähnlich hängt die *überragende visuospatiale Fähigkeit der rechten Hirnhälfte von ihrer synthetischen, holistischen Art ab, mit der sie mit Information umgeht.*» (*Sally P. Springer u. George Deutsch*, 1981, Hervorhebung von mir B.E.) In zusammengesetzten Fotografien von Gesichtern zeigten Springer und Deutsch, daß Emotionen weit ausdrucksstärker auf der linken Gesichtshälfte erscheinen als auf der rechten. (Die rechte Hirnhälfte steuert die linke Körperhälfte und umgekehrt.)

Die beiden Hirnhälften enthalten jedoch durchaus nicht dieselben

Informationen. Ja, gerade daraus entstehen für uns so viele Konflikte. In einem weiteren Experiment von Springer und Deutsch antwortete ihnen ein Patient von seiner linken Hirnhälfte aus, daß er Kaufmann sein wolle; als er die Antwort aber von seiner rechten Hirnhälfte aus gab (indem er Scrabblebuchstaben legte), hieß sie Autorennfahrer (1981). Solche Experimente zeigen, daß es nicht nur die Art und Weise der Informationsverarbeitung ist, die in den zwei Hirnhälften unterschiedlich verläuft, sondern daß wir *völlig unterschiedliche Informationen* darin speichern. Um also ganzheitliche Entscheidungen treffen zu können, müssen wir beide Informationen zum Thema haben, sonst wird der Entscheidungsprozeß oder die Ausführung immer wieder durch «unerklärliche» Fehler und Störungen gefährdet, die wir dann beherrschen oder gar wegtherapieren wollen. Da diese wichtigen, nonverbalen Informationen weitgehend in Bildern gespeichert sind, ist Malen eines der passendsten Mittel, um an solche, in Worten nicht wißbare, Informationen zu gelangen. Dieses Phänomen erklärt auch, warum das gemalte Bild immer wieder Aspekte aufzeigen kann, die dem verbalen Denken der Malenden völlig neu sind, sich aber trotzdem richtig und nicht fremd anfühlen.

Joseph E. Bogen und Glenda M. Bogen (in A. Rotheberg u. C. Hausman, 1976) meinen, daß die Kreativität im verbindenden Teil zwischen den zwei Hirnhälften, dem Corpus Callosum, liegt. Das Corpus Callosum hat zwei Aufgaben: 1. es erleichtert den Austausch zwischen den zwei Hirnhälften; 2. es verhindert eine Überbelastung der Verbindung. Zu viel Verhinderung verringert die Kreativität, zu viel Erleichterung endet in Verwirrung. Fühlt sich wohl deshalb der Beginn der kreativen Arbeit oder des Lernens wie Verwirrung an? Wenn also die Verhinderung der Interaktion der Hirnhälften durch erzieherische und kulturelle Maßnahmen zu sehr verstärkt wird, wird der Mensch von seiner anderen Seite abgeschnitten. Die Entfaltung der Kreativität, die Erleichterung des Austausches der beiden Seiten, ermöglicht somit neue Einsichten, neues Verständnis für die Umwelt wie für sich selbst. Kreativität ist somit die Grundlage für Integration, Verständnis, erweiterte Lebensmöglichkeiten, kurz, für Heilung.

Solche Gedanken wurden als Grundlagen neuer Therapiemodelle gebraucht und mißbraucht. *Betty Edwards* meint sogar, daß solche Entdekkungen direkt anwendbar sind, um die kreativen Fähigkeiten des Menschen zu befreien. Sie zieht daraus direkte Anweisungen zum Zeichnen und Malen und nennt es «Zeichnen mit der rechten Hirnhälfte». Selbstverständlich können die Resultate der Hirnforschung nicht auf solche simplen Formulierungen reduziert werden.

Man könnte also sagen, daß Kreativität sowohl aus Prozeß wie Produkt besteht und durch ein Ungleichgewicht ausgelöst wird, welches aus einem visuellen, auditiven oder kinästhetischen Impuls entstehen kann. Sie ist auf eine Interaktion aller Hirnteile angewiesen. Selbstverwirklichende Kreativität ist heilend und gibt Menschen ein Gefühl der Befriedigung und des Könnens. Ihr Wesen ist ein fundamentaler Optimismus. Sie kann gelernt und entfaltet werden.

Die Annahme, daß Kreativität heilend wirkt, ist die Grundlage für die Behauptung, daß eine Therapie, die Kreativität fördert, heilend ist. Gleichzeitig zeigen die Arbeiten über Kreativität auch, daß Malen allein nicht unbedingt heilend wirkt – es ist der kreative Akt während des Malens, der Veränderung bewirkt, nicht die bloße Technik. Kopieren erfüllt somit die Forderung für therapeutisches Malen nicht. Dasselbe gilt für kathartisches Malen, eine Technik, die den Ausdruck der Gefühle durch Malen fördert, die aber ein wichtiges Element vernachlässigt, nämlich daß dabei etwas Neues geformt werden muß. Diese und andere Fragen sollen im folgenden näher betrachtet werden.

3. Träume

Träume sind spontane Erscheinungen von Bildern, der beste Beweis, daß alle Menschen Bilder schaffen, schaffen müssen, wenn sie nicht krank werden wollen. So wie alle Bilder, wurden auch Träume seit langem ernst genommen, und es wurden immer wieder neue Theorien gebildet, wie sie zu verstehen seien. Dabei sind sich die Theoretiker aus allen Zeitaltern einig, daß das Verstehen von Träumen zum Wohl des einzelnen oder der Gesellschaft ist.

Zu Zeiten der alten Ägypter, der Entstehung der Bibel, der alten Griechen, wurden die Träume als Mitteilungen der Götter oder des Gottes verstanden. In primitiven Kulturen werden sie heute noch als Mitteilung an die Gesellschaft untersucht, während sie in unserer Kultur eher als Ausdruck des Persönlichen betrachtet werden. Träume sind immer versteckte Informationen, manchmal unbestimmt, manchmal so direkt wie der Traum *August Keklés von Stradonitz*, der zur Entdeckung des Benzol-Ringes geführt hat, das vom Teufel diktierte Violinkonzert Giuseppe Tartinis, oder die Aufforderung in Bismarcks Traum, er solle seine militärischen und politischen Aktionen weiter verfolgen (vom Scheidt, 1985).

Im Bemühen, Träume richtig zu verstehen, wurden viele verschiedene Theorien aufgestellt. Im Zusammenhang mit unserem Thema sind diese Theorien von Bedeutung, weil man sie als Grundlage für das Verstehen gemalter Bilder übernommen hat.

Freud, Jung und ihre Nachfolger

Für *Sigmund Freud* ist der Traum «der königliche Weg zum Unbewußten». Er ist ein Wächter des Schlafes, der die unbewußten Wünsche in Erfüllung gehen läßt, ohne daß eine eigentliche Aktion entsteht. Die Methode der Traumarbeit, ein Begriff, der von Freud geprägt wurde, ist die freie Assoziation.

C. G. Jung glaubte, daß Träume nicht nur einen persönlichen, sondern auch einen allgemein menschlichen Aspekt haben. Er unterschied zwischen «großen» und «kleinen» Träumen, wobei die großen Träume in Beziehung zu Religion und Mythologie betrachtet werden müssen. Jung war der Überzeugung, daß Träume heilend wirken, egal ob sie bearbeitet werden oder nicht, daß sie aber durch das Verständnis, das durch die Traumarbeit erlangt wird, eine ungleich stärkere Wirkung haben. Jung bezog sich vermehrt auf den visuellen Aspekt des Traumes und ließ seine PatientInnen die Träume auch malen. Damit schuf er zum ersten Mal eine direkte Verbindung zwischen dem gemalten und dem geträumten Bild.

Erich Fromm versteht Träume als Ausdruck aller unserer mentalen Aktivitäten, sie drücken sowohl das Beste wie das Schlimmste in uns aus. Er bezieht die Träume auf Mythen und Märchen, auf Rituale und Literatur, erwähnt aber die Beziehung zur Malerei nicht.

Während die frühe psychoanalytische Schule den Traum als Ausdruck des individuellen Menschen anerkennt, verstehen ihn spätere Vertreter als Ausdruck der Interaktion des Träumers mit seiner Umwelt, z. B. mit seinem Therapeuten. So betont *Fritz Morgenthaler*, daß der manifeste

Trauminhalt zwar Ausdruck des unbewußten Ich ist, daß ihn aber vor allem diejenigen Strukturen des Traumes interessieren, die Teile des Es ausdrücken. Er schlägt daher vor, daß der Traum nicht nur als solcher betrachtet werden sollte, sondern daß auch der Zeitpunkt, der Ort und die Person, der er erzählt wird, der Aufmerksamkeit bedürfen.

Grundlegend für ein interaktionelles Verständnis des Traumes ist die Arbeit von *Harry S. Sullivan*. Er versteht den Traum als Ausdruck der interpersönlichen Beziehung zwischen dem Therapeuten und dem Patienten. Auf seiner Theorie aufbauend hat *Walter Bonime* den Traum als einen Ausdruck der gesamten Situation des Träumenden bezeichnet. Er legte großen Wert auf die Gefühle, die im Traum ausgedrückt werden, entweder als unmittelbare Erfahrung (der Träumer wird aggressiv im Traum) oder als Symbol (ein mörderischer Hai erscheint). In Bonimes Ansicht sind Zynismus und Rivalität die wichtigsten Widerstände gegen gesunde menschliche Interaktion. *Edward S. Tauber und Maurice R. Green* fügen hier noch hinzu, daß der Traum ein Mittel des Kontakts zwischen Menschen ist, daß daher in der Traumarbeit beide Reaktionen auf den Traum, diejenige des Patienten wie diejenige des Therapeuten, in Betracht gezogen werden müssen.

Für meine Arbeit mit dem gemalten Bild ist die Arbeit von *James Hillman* wegweisend. Als Jungianer geht er weit über die Grenzen dieser Schule hinaus. Er bezieht die Traumwelt auf die Unterwelt und enthält sich jeder Deutung. Er sieht die Bilder als Ganzes, als Reflexionen, in denen sich die Seele erkennen kann. Sogar die einzelnen Traumelemente als Elemente des Träumers zu betrachten, lehnt er ab.

Traumarbeit in der Humanistischen Psychologie

In der Gestalttherapie wird der Traum als eine existentielle Mitteilung des Träumers verstanden, der ihm die Möglichkeit gibt, mit entfremdeten Teilen seines Selbst in Kontakt zu kommen. Der Traum wird dem gemalten Bild, dem Gedicht und der choreographischen Inszenierung gleichgesetzt, und er verliert seine fast übernatürliche Qualität und symbolhafte Bedeutung, die nur der Eingeweihte kannte. Für *Fritz Perls* gab es kein besseres Mittel als den Traum, um an das heranzukommen, was beunruhigt. Statt eine eigene Traumtheorie zu entwickeln, konzentrierte er sich auf die Bearbeitung von Träumen, und er definierte die Technik des Pendelns zwischen zwei Aspekten, die der Aufmerksamkeit bedürfen, zum Beispiel zwischen zwei Traumelementen.

Auch *Charles Rycroft* besteht darauf, daß der Traum eine direkte und nicht eine verschlüsselte Mitteilung ist. Die Schwierigkeit, Traumbilder zu verstehen, ist für ihn vergleichbar der Übersetzung einer Sprache in die andere. Rycroft versteht den Traum als eine imaginative Aktivität, die eine Metapher für die Existenz des Träumers hervorbringt.

Aus der Literatur geht hervor, daß Träume eine psychische Aktivität sind, die dem Träumer helfen, sein Leben zu bewältigen. Neben dem eigentlichen Bild ist auch die Geschichte des Traumes ein wichtiger Faktor für sein Verständnis. Das Drama des Traumes kann mit dem Drama von Geschichten und Gedichten verglichen werden, die auch in wachem Zustand geschaffen werden können.

Träume werden immer wieder mit gemalten Bildern und geschriebenen Geschichten verglichen. Obwohl die zwei Gebiete viel Ähnlichkeit haben, weisen sie deutliche Unterschiede auf: Das Bild wird tatsächlich gemalt, die Geschichte tatsächlich geschrieben. Daraus müßten sich notgedrungen Unterschiede in der Arbeit mit diesen Werken gegenüber der Traumarbeit ergeben. Dennoch wird dieser Unterschied weitgehend vernachlässigt, sowohl in der psychoanalytischen als auch in der humanistischen Schule. Ich meine, daß damit die Möglichkeiten des gemalten Bildes als heilende Aktivität enorm beschränkt werden. Erst in der letzten Zeit wurden neue Wege, mit solchen gemalten und geschriebenen Geschichten zu arbeiten, entwickelt, das Verständnis für die Metapher geweckt. Die Entdeckungen dieser Forscher sind für meine Arbeit wichtig geworden und unterstützen meine eigenen Beobachtungen.

4. Metapher

Eine Metapher ist ein Vergleich von Eigenschaften zweier Dinge. Die Eigenschaften der zweiten Einheit sind wichtiger für den Vergleich (*Andrew Ortony*, 1981). Zum Beispiel «Das Leben ist wie eine Rose.» Charakteristisch ist, daß man mittels einer Metapher neues Wissen oder eine neue Perspektive zu etwas Bekanntem gewinnen kann. Typischerweise haben Metaphern ein «offenes Ende», d. h. der Zuhörer füllt es mit Sinn und zieht seine eigenen Schlüsse. Daraus geht hervor, daß des einen Metapher des anderen Platitüde ist.

Metaphern in Form von Geschichten, Mythen, Legenden haben die Menschheit seit je begleitet. Von den europäischen Volksmärchen bis zu den Sufigeschichten, von den nordamerikanischen Indianerlegenden bis zu den Erzählungen der Chassidim finden wir Metaphern, die unsere Erfahrung in der Welt widerspiegeln. Die Erzähler und Schamanen waren die Eingeweihten, die das metaphorische Ritual durchführten. Meistens wurden solche Rituale von bildnerischen und musikalischen Elementen unterstützt. Metaphern waren eine natürliche Art, die Welt und das Leiden zu verstehen und zu ertragen.

Der Gebrauch und das Verstehen von Metaphern setzt eine Reife des Denkens voraus. Kinder bis zu elf Jahren können damit nichts anfangen. Metaphern sind auch bei weitem nicht immer verbal. Besonders Bilder können im Betrachter dieses Gefühl erwecken, daß auf vielen Ebenen mehr ausgedrückt wird, als man je in Worte fassen könnte.

Gerade weil der Sinn der Metaphern letztlich vom Zuhörer abhängt, sind sie für therapeutische Gespräche besonders geeignet. Aus der Fülle des Sinnangebots, das der Therapeut macht, kann sich der Patient diejenigen Aspekte aussuchen, die ihm wichtig erscheinen. Darüber hinaus wirkt die Metapher auch später, wenn dem Patienten neue, bis dahin nie erkannte Zusammenhänge einleuchten. Der Meister der therapeutischen Metapher war *Milton Erickson.*

Metapher und Therapie

Erickson war überzeugt, daß das Unbewußte viel intelligenter ist als das Bewußte. Er glaubte, daß die Metapher eine direkte Verbindung mit dem Unbewußten schafft. «Denke an den metaphorischen Prozeß als ans Freundschaft-Schließen mit dem Unbewußten.» (*Jeffrey K. Zeig*, 1985)

Richard Bandler und *John Grinder* untersuchten unter anderem die Sprache von Milton Erickson und entdeckten Strukturen, die sie dann verallgemeinerten. Neben vielem anderen entdeckten sie, daß jeder Mensch eine Vorliebe für gewisse metaphorische Wörter hat: Während der eine hauptsächlich visuelle Ausdrücke gebraucht (ja, ich sehe, was Sie meinen), verwendet der andere auditive Worte (das klingt gut), der dritte verwendet vorwiegend kinästhetische Formulierungen (das hat er im Griff). Die Autoren kamen zum Schluß, daß eine gute therapeutische Metapher mit dem «Kanal» (visuell, auditiv, kinästhetisch) des Patienten übereinstimmen muß.

Metapher und Symbol

Ich möchte hier ein Wort über den Unterschied zwischen Symbol und Metapher anfügen.

Ein Symbol ist ein Zeichen, das eine Bedeutung hat: Ein Kreis mit einem dicken roten Rand und einer weißen Innenfläche bedeutet für alle Menschen in unserem Kulturbereich Fahrverbot. Eine bestimmte Fanfare im Krieg heißt Angriff, eine bestimmte Handbewegung «geh weg». Symbole sind eine kulturelle Abmachung. Damit möchte ich dem Symbol nicht die mögliche Tiefe absprechen. C. G. Jung hat mit seinem Werk aufgezeigt, wie Symbole in Beziehung zur Seele stehen. Er unterschied zwischen natürlichen und kulturellen Symbolen. Kulturelle Symbole wurden über Jahrhunderte geformt und drücken ewige Wahrheiten aus. Jung sagte, wenn ein Patient in Kontakt mit seinem natürlichen Symbol komme, geschähe dies unerwartet und mit einem Element von Überraschung; im Kontakt mit einem kulturellen Symbol wäre die Erfahrung jedoch die von Verbundenheit und Magie. *Henry Tietze*, der Begründer der Imaginationstherapie, glaubt, daß sich das Bewußte und das Unbewußte im Symbol treffen und daß daraus seine heilende Kraft entspringt (1986).

Die Metapher hat einen Sinn, nicht eine Bedeutung. Während das Symbol zu Einsicht und Verständnis führt, wird man von der Metapher zum Schweifenlassen und zur Erleuchtung geleitet. Während das Symbol abschließt, öffnet die Metapher.

Beim Malen besteht oft die Gefahr, daß die Malenden ein ausgedachtes Symbol malen; das Element der Überraschung, das auch für Jung wesentlich war, fehlt dabei. Ein großes Gefühl wird auf ein bedeutungsvolles Zeichen reduziert. Eine Metapher dagegen entsteht als bedeutungsloses Bild, das durch den Arbeitsprozeß zu immer tieferem Sinn gelangt. Der Kontakt mit dem metaphorischen Bild führt immer zu Überraschung, wenn nicht gar zum Schock, und der Arbeitsprozeß ist durch eine Erweiterung und Präzisierung des Bildes gekennzeichnet.

Psychologische Prozesse können nur metaphorisch beschrieben werden, man kann sie nicht wirklich sehen. Freud war sich dessen bewußt und schuf die Metapher des Ödipus-Komplexes. Jung führte diese Tradition mit seiner Entwicklung der Archetypen (Anima, Animus, große Mutter, der Weise) weiter. *Die Metapher existiert nur insofern, als ihr eine Form gegeben wird.* Metaphern sind immer Geschichten, Bilder, Tänze, Gesänge, welche die seelischen Erfahrungen vermitteln.

So wie der Fisch sich des Wassers nicht bewußt ist, sind wir uns unserer Metaphern nicht bewußt. Unsere Spekulationen über das Universum durch die Zeit waren Metaphern für unseren Platz in ihm. Nach *Ken Wilber* sahen die klassischen Physiker das Universum als eine wundervolle, aber unverständliche Sammlung von getrennten Dingen und Ereignissen, jedes vom anderen in Raum und Zeit perfekt abgegrenzt (1979). Als ihre Nachfolger übernahmen wir diese Trennung zwischen Himmel und Erde, Ich und Du. Es sind Metaphern einer Grenze zwischen dem Selbst und der Umwelt. Aber während uns diese Metaphern beruhigen, begrenzen sie uns auch. Gerade in unserer Zeit, in der diese alte Metapher der Trennung zwischen Mensch und Umwelt zu einer Megakatastrophe zu führen droht, ist es dringend, neue Metaphern, wie sie die Quanten-Physik vorschlägt, allgemein zu machen.

Ein Gebiet, das sich die beschriebenen Forschungen zu Nutze gemacht hat, ist die Kunsttherapie. Sie verbindet die theoretischen Einsichten aus der Forschung von Kreativität, Traumarbeit und Metaphern.

5. Kunsttherapie

Schon immer haben Menschen Bilder gemalt, Bilder als Träger ihrer Kultur, ihrer Ängste und ihrer Ekstasen.

Als Folge von Beobachtungen in Schulen und Kliniken hat sich das Malen und Gestalten in neuerer Zeit auch als therapeutisches Mittel durchgesetzt. Zum einen wird es in der Psychotherapie als Hilfsmittel verwendet, zum anderen wird es immer mehr als eigenständige Therapieform vertreten.

Die Kunsttherapie, wie wir sie heute kennen, entwickelte sich zu Beginn dieses Jahrhunderts, aus der Kunsterziehung wie auch aus der

Beobachtung malender Patienten in psychiatrischen Kliniken. *Victor Löwenfeld* in Österreich und *Florence Cane* in den USA waren Pioniere, die das große heilende Potential des Malens und Zeichnens mit Kindern erkannten. Beide ließen die Kinder frei malen und sahen die Wirkung in der Tätigkeit selber. Victor Löwenfeld arbeitete mit geistig behinderten Kindern. Er nahm ausdrücklich gegen die Interpretation der Zeichnungen Stellung und bezeichnete sie als «Schlüsse, die gänzlich auf dilettantischem Wissen begründet sind» (1982). Florence Cane entwickelte eine ähnliche Technik wie *D. W. Winnicott* und ließ die Kinder aus Kritzeleien Bilder entwickeln, um sie aus ihren eingewöhnten Verhalten zu befreien. Auch *W. Grötzinger* betrachtete die Kinderzeichnung aus einer phänomenologischen Sicht, ohne sie zu interpretieren. Speziell erwähnen möchte ich in diesem Zusammenhang *Arno Stern*. Auch er ist einer der Pioniere, die die Bedeutung des Malens und des Bildes erkannt haben. Er ist vehement gegen jede Interpretation und hat eine eigene, ebenfalls phänomenologisch orientierte Grammatik und ein Vokabular der Kinderzeichnung entwickelt. Seine Forschungen führten ihn unter anderem in abgelegene Gebiete der Dritten Welt, wo er seine Theorien der grundlegenden Formen der Kinderzeichnung von Menschen bestätigt fand, die noch nie vorher einen Stift in der Hand gehalten hatten. Aus der Kunsterziehung ergibt sich somit eine starke Tradition, Bilder nicht zu interpretieren.

Anders entwickelte sich die Beobachtung gestalterischer Produkte von psychiatrischen Patienten. Auf der einen Seite wurden diese Erzeugnisse schon früh als diagnostisches Material verwertet, auf der anderen Seite wurden sie als Kunst deklariert. Als psychoanalytische Theorien immer mehr auch im klinischen Bereich zur Grundlage wurden, beeinflußten sie zunehmend die Betrachtungsweise der Bilder von psychiatrischen Patienten. Neben der Theorie von Freud hat in Europa vor allem diejenige von C. G. Jung die beginnende Kunsttherapie beeinflußt.

In den USA ist Kunsttherapie eine weit verbreitete Therapieform, die vor allem in Kliniken Anwendung findet. Es gibt einen großen professionellen Berufsverband, der die Ausbildung von Kunsttherapeuten überwacht und die Interessen der Berufstätigen wahrnimmt. Trotzdem ist es für die Kunsttherapie schwierig, sich zu dem Stellenwert durchzukämpfen, den sie, gemessen an den Therapieerfolgen, haben müßte.

In Europa ist dieser Beruf erst am Anfang. In der Schweiz bieten einige Kliniken ihren Patienten Kunsttherapie an. Außerdem wird

Kunsttherapie auch in Privatpraxen angeboten. Eine offiziell anerkannte Ausbildung gibt es im Moment noch nicht. Seit einigen Jahren existiert ein Verband für gestaltende Psychotherapie und Kunsttherapie, der sich um Fragen des Berufsbildes, der Ausbildung und Anerkennung bemüht. Eine der Herausforderungen des Verbandes ist es, die gegenseitige Auseinandersetzung zwischen den verschiedenen Richtungen zu fördern.

Analytisch orientierte Kunsttherapie

Sowohl *Margret Naumburg* wie *Edith Kramer*, um zwei der bedeutendsten analytischen Kunsttherapeutinnen der USA zu nennen, sind der Überzeugung, daß Kunsttherapie nur eine begleitende Therapie sein kann. Der kunsttherapeutische Prozeß wird in drei Schritten durchgeführt: 1. Der Patient wird eingeladen, mittels verschiedener malerischer und zeichnerischer Techniken ein Bild zu schaffen, das ein Ausdruck seiner selbst ist. 2. Die Kunsttherapeutin beobachtet diesen Prozeß passiv. 3. Die Kunsttherapeutin interpretiert die Arbeit, wobei es in ihrem Ermessen steht, ob sie diese Interpretation dem Patienten mitteilen will oder nicht. Ihre Einsicht nimmt sie als Ausgangspunkt für die weitere Arbeit (*Elinor Ulman, Claire Levy*, 1980).

In der Schweiz hat vor allem *Jolande Jacobi* die Theorien von C. G. Jung in der Kunsttherapie zur Anwendung gebracht. Die Patienten wurden zum spontanen Malen aufgefordert, auch zum Malen ihrer Träume. Die Bilder wurden dann wie Träume behandelt und auf ihre archetypischen Inhalte untersucht.

Die psychoanalytische Kunsttherapie entwickelt sich seither in Richtung auf eine eigenständige Therapieform zu. Als VertreterInnen der Richtung, die auf einer der ältesten und offiziell anerkanntesten psychologischen Theorien basiert, haben viele analytische KunsttherapeutInnen die Tendenz, andere Richtungen als weniger fundiert zu betrachten.

Humanistisch orientierte Kunsttherapie

Während die psychoanalytische Kunsttherapie sich weitgehend auf das Bild selber, auf Inhalt, Farbe und Aufbau konzentriert, ist die humanistisch orientierte Kunsttheorie vorwiegend mit dem Entstehungsprozeß der Gestaltung beschäftigt. *Janie Rhyne* und *Judith Rubin* sind prominente Vertreterinnen dieser Richtung der Kunsttherapie. Janie Rhyne beobachtet während des Gestaltungsprozesses vor allem die gesamte Persönlichkeit des Patienten und arbeitet daran, neue Möglichkeiten zu schaffen, wie der Mensch sich in seiner Umwelt verhalten könnte. Judith Rubin unterscheidet vier Aspekte der Gestaltung: Flüssigkeit, Flexibilität, Ausarbeitung und Originalität. Mit den gleichen Aspekten beurteilt sie, wie der Patient sein Leben bewältigt.

Shaun McNiff geht über den humanistischen Gedanken hinaus und betrachtet den Kunsttherapeuten als eine Art modernen Schamanen. Er verurteilt die Einstellung der meisten Kunsttherapeuten, die Kunst von geistig gestörten Menschen psychopathologisch betrachten, anstatt sie als Ausdruck ihrer Stärke zu verstehen. Dadurch wird im Bild immer nach dem gesucht, was krank ist (1981). McNiff selbst versteht das bildnerische Gestalten als Anwärmübung und achtet auf Farben, Tongruppierungen, Form und Textur der Bewegung, welche verschiedene Ebenen der Bedeutung haben.

Kunsttherapie mit Familien und Gruppen

Die Möglichkeiten der Anwendung von Kunsttherapie in Familien und Gruppen scheint nur durch den Einfallsreichtum der Therapeuten beschränkt zu sein. Die Bilder werden einzeln oder gemeinsam gemalt und gegenseitig ausgewertet, oder es werden verschiedene Aufgaben gestellt. Manche Therapeuten, wie Judith Rubin und *Max Magnussen* betrachten das gemeinsame Gestalten als Spiegelung der Interaktionen in der Gruppe, die damit offensichtlicher wird. Andere, wie Therapeuten der *Adler*ianischen Therapierichtung, benützen die Kunsttherapie in Gruppen wie eine Gesprächsgruppentherapie und versuchen während des Gestaltungsprozesses das Verhalten, die Stimmung und die Einstellung der Patienten zu beeinflussen. In der Kunsttherapie mit Gruppen ist es auch möglich, daß der Kunsttherapeut selber mitmalt oder daß Musik zum Einsatz kommt. Die Gefahr besteht hierbei allerdings darin, daß das Gestalten zum Mittel wird und die Bedeutung des Bildes etwas verloren geht.

Kunsttherapie mit geistig Behinderten

Es gibt keine Art von geistiger oder körperlicher Behinderung, die nicht von der Förderung der Kreativität profitiert. Kunsttherapie findet auch dort Anwendung, wo andere Psychotherapieformen versagen. Sie ist auf keine Alters- oder Symptomgruppe beschränkt.

Es würde hier zu weit führen, dieses große Gebiet anzuschneiden. Ich möchte nur darauf hinweisen, daß gerade bei Menschen, die verbal kaum mehr erreicht werden können, das Bild in ihre Einsamkeit dringen kann. Die verschiedenen Methoden werden den speziellen Behinderungen angepaßt, und meine Bewunderung gilt all den KunsttherapeutInnen, die unermüdlich mit jenen arbeiten, denen der Bezug zur Umwelt anders kaum mehr möglich ist. (Siehe auch B. Egger, Malen als Lernhilfe, Zytglogge 1982)

Obwohl sich die Kunsttherapeuten verschiedener Richtungen in den Haaren liegen, konnte ich feststellen, daß die Therapieberichte aller von enormen Fortschritten ihrer Patienten mit den unterschiedlichen klinischen Diagnosen zeugen. Es scheint mir daher, daß es nicht eigentlich die Methode der Kunsttherapie sein kann, die heilend wirkt, sondern *das bildnerische Gestalten selbst* und *der menschliche Kontakt* mit dem Patienten. Jede Methode, die diese zwei Elemente optimiert, wird, oft auch bei «hoffnungslosen Fällen», Erfolg haben.

Ich bin der Überzeugung, daß die Wirkung auf die Seele in der eigentlichen Bildarbeit liegt, oder besser gesagt, daß die Seele sich im geklärten Bild verwirklichen kann. Zu dieser Auffassung bin ich nicht zuletzt durch die Zusammenarbeit mit Lynn gelangt. In unserer gemeinsamen Arbeit durften wir beide die Macht und die Präzision des lebendigen Bildes erfahren.

6. Ein Ort zum Malen

Das Umfeld, in dem die folgenden Bilder entstanden sind, ist für das Verständnis der Arbeit am Bild bedeutend. Ich möchte darum hier einige Bemerkungen über das Malatelier anfügen.

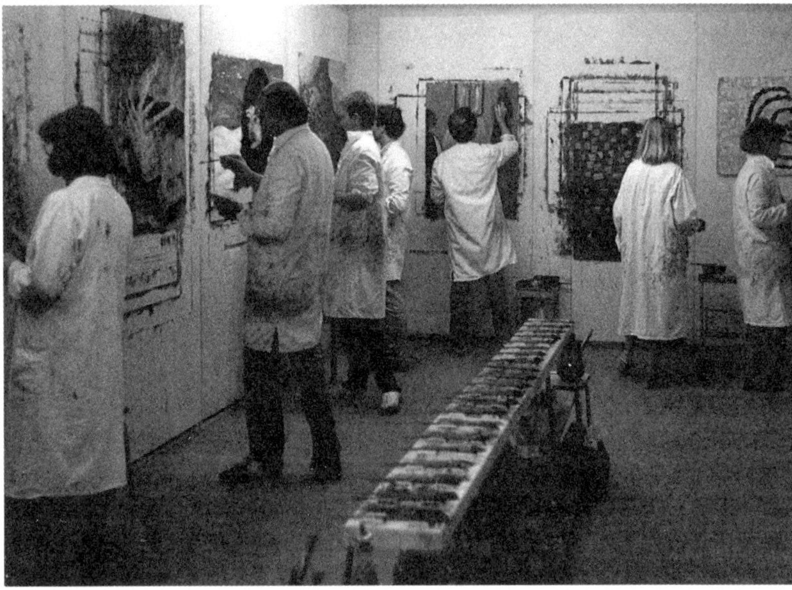

Das Malatelier

Das Malatelier ist ein fast leerer, heller Raum. Die Wände sind mit Brettern verkleidet, auf die die Malpapiere geheftet werden können. Die Leere des Raumes (keine Staffeleien, Stühle, oder anderes Mobiliar) erlaubt der Maltherapeutin, jederzeit alles im Auge zu behalten und sowohl die Malenden wie die Bilder ständig zu beobachten.

Eine stetig gleichbleibende Atmosphäre wird dadurch gewährleistet, daß es kein Tageslicht hat. Keine Störungen von außen dringen in diesen geschützten Raum. Wenn die Malenden kommen, ist er immer gleich, ob morgens oder abends, im Sommer oder im Winter, bei schönem oder schlechtem Wetter. Diese Konstanz hilft den Malenden, sofort Kontakt mit ihrer Innenwelt aufzunehmen, und es fällt ihnen leichter, dort fortzufahren, wo sie das letzte Mal aufgehört haben.

Die Malenden stehen während des Malens aufrecht vor ihren Bildern. Die stehende Körperhaltung begünstigt den Ausdruck. Das Papier wird so hoch aufgehängt, daß die Arme gestreckt werden müssen, um den oberen Blattrand zu erreichen. Dadurch steht man offen vor seinem

Platz, bereit für die Bilder. Die stehende Position erlaubt den Malenden auch, zwischendurch vom Bild Distanz zu nehmen.

In der Mitte des Raumes steht ein Palettentisch mit 21 Farben. Neben jeder Farbe liegen zwei Pinsel in verschiedener Dicke. Zusätzlich hat es Schälchen für Mischfarben und weitere Pinsel verschiedenster Art. Der Palettentisch ist mit seinen vielen Farben sehr anregend und eine unaufdringliche Aufforderung, die Farben zu benützen.

Das Malmaterial

Die Farben sind dickflüssige, qualitativ hochwertige Gouachefarben. Um die Bedingungen für die Arbeit im Malatelier zu erfüllen, müssen sie leuchtend sein, weder allzu deckend noch allzu transparent. Es ist wichtig, daß sie genügend Deckkraft haben, um alles, was gemalt worden ist, wieder zu überdecken. Sie dürfen durch das Mischen die Leuchtkraft nicht verlieren. Die Farben sollten sowohl für den Gebrauch mit dem Pinsel wie mit den Händen oder dem Spachtel geeignet sein.

Die Pinsel stehen in verschiedenen Qualitäten zur Verfügung. Auf dem Palettentisch liegen reine Feehaarpinsel, rund und spitz gebunden. Diese Form hat den Vorteil, daß man denselben Pinsel für feine Linien wie auch für das Malen von Flächen brauchen kann, ohne ihn wechseln zu müssen. Als Mischpinsel kommen auch gute Kunsthaarpinsel in Frage.

Das Papier ist immer weiß und ebenfalls von guter Qualität. Das Grundformat ist 70 × 100 cm. Größere Bilder werden aus mehreren Blättern zusammengesetzt.

Die klare, fast karge Struktur des Malateliers fördert die Arbeit am Bild und an seelischen Prozessen, indem sie Ablenkung durch weitere Materialien, Musik, Gruppenarbeit etc. ausschließt.

Die Gruppe

Im Idealfall kommen die Malenden einmal pro Woche ins Atelier und malen in einer Gruppe von acht bis zwölf TeilnehmerInnen. Die Malgruppe, in der Lynn arbeitete, hatte nie mehr als sieben Malende. Die Zusammensetzung der Gruppe war nicht konstant: In den sieben Jahren verließen immer wieder einige TeilnehmerInnen die Gruppe, und neue kamen dazu.

Wenn mehrere Leute zur gleichen Zeit malen, entsteht eine spürbare Energie, welche die einzelnen TeilnehmerInnen trägt. Obwohl die Malenden während des Malens kaum Kontakt untereinander haben, fühlen sie sich unterstützt und geschützt.

Es gibt keine Diskussion über die Bilder, weder über die eigenen noch über die der anderen, noch werden die Bilder von mir interpretiert. Man darf in diesem speziellen Schonraum so malen, wie man will. Am Ende von zwei Stunden Malen sitzt die ganze Gruppe noch kurz zusammen. Es ist die Zeit, in der die Malerfahrungen mitgeteilt werden können – eine Art Ausgangsritus. Auch während dieser Zeit werden die Bilder nicht besprochen.

Das Malatelier mit seiner Einrichtung, seiner Struktur und seinem Materialangebot ist darauf ausgerichtet, das Malen optimal zu erleichtern, den Ausdruck zu fördern und die Malenden zu stützen.

Im übrigen verweise ich auf das Werkbuch «Faszination Malen» (1980), in dem ich detailliert auf die Strukturen des Malateliers eingegangen bin.

7. Geschichten um Lynn

Die Geschichten der äußeren Umstände

Lynn kam im Februar 1981 in mein Malatelier in New York. Sie hatte einen Ort zum Malen gesucht, und gemeinsame Bekannte hatten ihr meine Adresse gegeben. Sie war eine der ersten, die ins Malatelier kamen, nachdem ich von Zürich weggezogen war. Es war der Beginn einer gemeinsamen Reise, die sieben Jahre dauern sollte, von der wir nicht nur das Ziel nicht kannten, sondern von der wir nicht einmal wußten, daß sie stattfinden würde.

Die biographische Geschichte

Lynn wurde 1932 geboren. Sie wuchs in einer katholischen Familie in einem kleinen, ländlichen Dorf im Norden der USA, in der Nähe eines großen Flusses auf. Die nordische Gegend ihrer Jugend spielt in ihren Landschaftsbildern eine wichtige Rolle. Ja, obwohl die Bilder sehr abstrakt wirken, sehen sie der Wirklichkeit verblüffend ähnlich. Lynn verbrachte einen beträchtlichen Teil des Jahres in diesem Dorf.

Lynns Vater war Automechaniker und eine im Dorf sehr beliebte Persönlichkeit. Er starb 1973. Ihre Mutter war Hausfrau und betreute ihre sechs Kinder. Im Sommer arbeitete sie manchmal als Köchin. Lynn war das vierte Kind nach zwei Knaben und einem Mädchen. Nach ihr wurden noch zwei Knaben geboren. Ihr ältester Bruder ist zehn Jahre älter, ihr jüngster Bruder zehn Jahre jünger als sie. Lynns Jugend war von der Großen Depression in den USA geprägt. Die Familie lebte arm und ohne Kultur. Noch als Erwachsene empfand Lynn das damalige Fehlen von Büchern und intellektuellen Anregungen als bitter. Als Kind hatte Lynn eine starke Beziehung zur Natur. Wenn es ihr schlecht ging, legte sie sich oft in den Klee und preßte den Kopf auf die Erde.

Als sie siebzehn Jahre alt war, zog Lynn nach New York und nahm eine Stelle als Haushalthilfe an. Mit 22 Jahren heiratete sie einen Mittelschullehrer jüdisch-tschechischer Herkunft; sie hatten drei Söhne. Wie ihre Mutter war Lynn Hausfrau. Im Sommer arbeitete sie in einem Knabenferienlager, wo sie die kreativen Beschäftigungen betreute. Für Lynn blieben Natur und sportliche Betätigung im Freien wichtig. Sie ist immer noch verheiratet und mittlerweile Großmutter eines Mädchens. Ihr ganzes Leben hat sich Lynn mit Malen beschäftigt. Ein früher Vorfahre war ein bekannter Steinmetz gewesen, und auch ihr Vater scheint eine Zuneigung zur Malerei gehabt zu haben. Vielleicht wäre er unter anderen Umständen sogar Hobbymaler geworden. Einmal zeichnete er ein Schloß für Lynn: Es ist eine der wenigen innigen und warmen Erinnerungen, die sie an ihren Vater hat. Daß sie selber als Kind keine Malmaterialien zur Verfügung hatte, hat Lynn noch jetzt als übermäßige Entbehrung empfunden, die zum Symbol all dessen wurde, was ihr in ihrer Kindheit an «Nahrung» fehlte.

Als ihre eigenen Kinder klein waren und sie unbestimmten großen Ängsten ausgesetzt war, malte Lynn oft. «Zum Überleben», sagte sie. Sie setzte sich abends aufs Sofa und malte Figuren, die an Bilder erinnern, wie sie sie später im Atelier malte. Die damalige Beziehung zum Malen und zu ihren Bildern erinnert in ihrer Art und Intensität an ihre Beziehung zur Natur. Mit 26 Jahren nahm Lynn während eines Jahres ihre ersten Malstunden. Vier Jahre später erlernte sie die Technik des Ölmalens, allerdings in einer Klasse, in der alle Schüler im gleichen Stil malen mußten. Obwohl sie sich redlich bemühte, hielt sie diese Instruktionen nicht lange aus. Endlich fand sie mit 37 Jahren einen Lehrer, der eine freie Atmosphäre beim Malen schuf, und sie arbeitete bei ihm vier bis fünf Jahre, bis er starb. Bevor sie im Februar 1981 auf mein Atelier gestoßen war, hatte sie erfolglos nach einer ähnlichen Möglichkeit gesucht. Gleich nach der ersten Stunde im Malatelier spürte sie, daß diese Art des Malens ihren Bedürfnissen entsprach.

Die Geschichte der Zusammenarbeit

Als Lynn ins Malatelier kam, erwartete sie nichts anderes als Malerlebnisse. Sie merkte jedoch schon bald, daß das Malen wieder die frühere Bedeutung von Ausdruck annahm – sie fühlte sich nach dem Malen oft erleichtert und vergnügt. Schon früh jedoch malte sie auch Bilder, die sie tief bewegten, und auch solche, die ihr Angst machten.

Lynn besuchte das Malatelier einmal wöchentlich. Obwohl eine Gruppe von drei bis acht Malenden zur gleichen Zeit anwesend war, fand die therapeutische Arbeit am Bild immer individuell statt (siehe Kapitel über das Malatelier). Eine Malsitzung dauerte zwei Stunden, gefolgt von einer kurzen Gesprächsrunde, in der die Teilnehmerinnen ihre Malerlebnisse mitteilten. Während die Bildfolge der «Braunen Frau» gemalt wurde, kam Lynn zweimal pro Woche ins Atelier.

Im November 1981 begann Lynn ihre Gesprächstherapie mit mir. Lynn war noch nie in psychotherapeutischer Behandlung gewesen, bevor sie mit mir zu arbeiten begann. Sie war überzeugt, daß man Probleme alleine und aus eigener Kraft bearbeiten müsse und mißtraute der Psychotherapie. Wegen ihres Mißtrauens bezeichneten wir diese therapeutischen Sitzungen als «Gesprächssitzungen» (talking sessions) und nicht als Therapie.

Fast bis ans Ende der gemeinsamen therapeutischen Arbeit hat Lynn eine deutliche Trennung zwischen Malen und Therapie aufrecht erhalten – das Malen war niemals «Therapie». Während den ersten fünf Jahren hat sie während den Gesprächssitzungen niemals von ihren Bildern gesprochen, während des Malens sich niemals auf die Gesprächssitzungen bezogen. Um so erstaunlicher ist es, daß ihre Bilder schon von Anfang an von tiefer therapeutischer Arbeit zeugen. Tatsächlich sind die Bilder und der bildnerische Prozeß für die «Wiederherstellung des Selbst», die erst die Gesprächstherapie möglich machten, verantwortlich. Lynn selbst erkannte am Ende unserer Zusammenarbeit, daß ihr das Erschaffen dieser frühen Bilder ermöglichte, ein Selbst zu formen, um therapeutische Fragen anzugehen: «Es [Das Bild] ist wie ein Vogel, der in die Morgendämmerung fliegt. Mein sicheres und freies und reines Selbst, all das, was sich entfaltet, ein hoffnungsvoller Ort. Das, was es möglich machte, sich mit all dem Scheiß zu beschäftigen.» (Lynn, Schlußinterview)

Um die Wirkung der Geschichten um Lynn besser mitverfolgen zu können, möchte ich das Ende unserer Zusammenarbeit betrachten. In den sieben Jahren trafen wir uns ein- bis dreimal wöchentlich im Atelier oder in der Praxis. Jede Arbeitsphase dauerte von Ende Oktober bis Anfang Juni. Dann reiste Lynn in ihr Heimatdorf und ich nach Europa. Am Ende des Jahres, im Juni, schauten wir alle Bilder, die in dieser Zeit gemalt worden waren, zusammen an. Dann nahm sie sie mit nach Hause. So entwickelte sich langsam eine Geschichte. Mit Ausnahme dieser Nacherzählung hatten wir nie ein bekanntes Ziel. Jedes Bild, jede Gesprächssitzung, jeder Traum war ein Teil eines Puzzles, dessen Bild uns beiden verborgen war. Zu Beginn der Therapie lag ein entscheidendes Geheimnis von Lynns Leben sicher begraben, ein Schutz, der es ihr ermöglichte, ihr Leben zu leben. Um aber besser miterleben zu können, wie präzis sich die Prozesse der Seele in den Bildern manifestieren, ist es wichtig, schon im voraus zu wissen, was Lynn und ich gegen das Ende der Therapie zusammen herausfanden.

Schon zu Beginn der Malsitzungen, als von Therapie noch keine Rede war, hatte Lynn das Gefühl, daß mit ihr etwas grundlegend nicht in Ordnung war. Sie fühlte, daß sie nur knapp daran vorbeigekommen war, verrückt zu werden, und daß diese Gefahr immer über ihr schwebte. Nach dem fünften Bild (Bild 3) wußte sie, daß sich das Versteckte um sexuellen Mißbrauch drehte, und sie dachte zuerst, daß sie es durch ihren ältesten Bruder erlitten hatte. Aber durch den schwierigen und schmerzvollen Prozeß der Therapie wurde ihr deutlich, daß sie von ihrem Vater sexuell mißbraucht worden war. Nachdem sie sich dieses Erlebnis eingestehen konnte, konnte sie sich auch mit der Auswirkung des Inzests auf ihr Leben beschäftigen und konnte ihre Fraulichkeit wiedergewinnen.

Das vordergründige Problem, das die Entscheidung, die Gesprächssitzungen aufzunehmen, beeinflußte, waren Schulschwierigkeiten. Bald nach Beginn des Malens hatte Lynn eine Ausbildung als Masseuse begonnen. Das Auswendiglernen all der Körperteile bereitete ihr große Schwierigkeiten. Darüber hinaus aber beschworen diese Schwierigkeiten alte Gefühle des Ungenügens und der Auflehnung herauf, die sie daran zu hindern drohten, diese Ausbildung erfolgreich abzuschließen. Schnell traten jedoch diese Probleme in den Hintergrund, und Lynns Gefühle der Beraubung und der Wiederherstellung ihrer Fraulichkeit wurden zum Hauptthema der Therapie. Bald schon arbeiteten wir daran, wie sie sich pflegte und anzog. Zu jener Zeit hatten wir jedoch keine Ahnung vom Ausmaß ihrer Verwundung. Daß sie wenig Wert auf ihr Äußeres legte, war nur zum Teil Ausdruck ihres schwachen Selbstbildes; das viel tiefere Problem war, daß sie ihre Fraulichkeit ablehnte. Die Tatsache, daß sie sich nicht erlaubt hatte, eine Frau zu werden, hat Lynn ermöglicht zu überleben.

Die Geschichte dieses Buches

Bevor ich zur Präsentation der Bilder übergehe, möchte ich noch ein Wort über die Entstehung dieses Buches sagen. Die Arbeit mit Lynn begann ohne jeden Hintergedanken, ihren «Fall» zu beschreiben. Erst nach einigen Jahren zeigte ich ihre Bilder hie und da im engsten, interessierten Kreis. Erst im November 1985 fand ich die Möglichkeit, den amerikanischen Grad des Ph. D. zu erwerben. Dieser höchste akademische Grad wurde für mich, wenn ich weiterhin in den USA praktizieren wollte, unumgänglich. Auf der Suche nach einem geeigneten Thema für meine Dissertation bestärkten mich meine Kommissionsmitglieder, etwas auszuwählen, das für mich selber brisant war. Zu dieser Zeit hatte ich fünf Jahre mit Lynn gearbeitet und war von ihren Bildern sehr berührt. Obwohl ich keine Ahnung hatte, was dabei herauskommen würde, wollte ich alles Material, alle Bilder, Träume und Aufzeichnungen einmal im Zusammenhang anschauen und sehen, ob sich Themen erkennen lassen würden.

Der Prozeß dieser Arbeit, die Kurse, Begegnungen, das intensive Lernen waren für mich eine der erregendsten Zeiten meines Lebens. Die aufgeschlossene, neugierige und fordernde Art meiner Lehrer und Supervisoren spornte mich an, meine eigenen Grenzen zu sprengen, meine sturen Ansichten zu überprüfen und an meine Kreativität und meine Arbeit zu glauben. Ich bin ihnen allen für ihre Unterstützung, Unerbittlichkeit und Begleitung von Herzen dankbar.

Eine der vielen fruchtbaren Forderungen dieser qualitativen Untersuchung war, daß ich mich nicht nur auf bekanntes Material verlassen durfte. Neue Untersuchungen mußten gemacht werden. Ich konnte also nicht nur die schon gemalten und geträumten Bilder aufzählen und beschreiben, sondern mußte mir etwas einfallen lassen, das eine neue Informationsquelle war. Zwar glaubte ich schon alles zu wissen, wollte aber die Forderungen meiner Kommission erfüllen. Darum beschloß ich, die Bilder nochmals mit Lynn durchzuschauen, um mir von ihr meine Erinnerung bestätigen zu lassen. So entstand die Idee des Schlußinterviews.

Ich besprach mit Lynn meine Absicht, ihre Bilder und Träume für eine geschriebene Arbeit zu verwenden. Sie reagierte widersprüchlich darauf, fühlte sich sowohl geehrt als auch beängstigt, beengt und erfreut. Nach einiger Überlegung war sie jedoch damit einverstanden, und sie war von nun an vor allem mit dem Mut, den sie für diesen Schritt brauchte, in Kontakt. Durch das Niederschreiben war eine ihrer Geschichten plötzlich festgelegt und würde damit unabänderlich werden.

Ich hatte während all der Jahre, wie üblich, eine Auswahl der Bilder fotografiert. Ich schlug ihr daher vor, uns diese 167 Dias zusammen anzusehen. Während dieses Schlußinterviews schrieb ich alle ihre Kommentare mit.

Lynns Reaktionen auf die Bilder waren so unerwartet und brachten so viele neue Gesichtspunkte hervor, daß ich mich gezwungen sah, den ganzen Bild- und Therapieprozeß neu zu überdenken. Das Schlußinterview gab mir zusätzliche, essentiell wichtige und neue Informationen, die mir neue Einsichten in die Wirkung des bildnerischen Therapieprozesses ermöglichten.

Ein neuer Aspekt, der während des Schlußinterviews auftauchte und den ich schon jetzt erwähnen möchte, war Lynns Entzücken über ihre Bilder. Als sie sie gemalt hatte, war sie nicht unglücklich über sie, aber nur wenige wurden als «Bilder» bezeichnet. Einmal gemalt, hat sie die Bilder nicht nur als unwichtig, sondern meistens auch als mißraten erlebt. Nach der jährlichen Bildbetrachtung hatte Lynn ihre Bilder, die sie zu Hause hatte, nie mehr angeschaut, wie wenn sie Angst gehabt hätte, ihnen alleine ausgesetzt zu sein. Aber in ihrem Schlußinterview schämte Lynn sich nicht nur nicht für ihre Bilder, sie hatte sie richtig gern: «Ich bin tatsächlich unglaublich überrascht, daß ich sie [die Bilder] so gerne habe. Seit damals [als die Bilder entstanden] habe ich sie nie mehr angeschaut.»

Durch das Schlußinterview wurde es Lynn möglich, ihrem Leiden einen Sinn zu geben. Sie sah nun die Therapie als ein Ganzes und verstand den Prozeß in einer Weise, die es ihr ermöglichte, ihn als ihre eigene Arbeit zu schätzen. So drückte sie diese neue Wertschätzung und Liebe zu den Bildern aus: «Ich hatte sie [die Bilder] völlig vergessen. Ich weiß wirklich nichts mehr von ihnen, (und) das scheint mir nicht gut zu sein. Ich schaue sie an, sie scheinen einen Wert für mich zu haben. Und wenn du das [Schlußinterview] nicht gemacht hättest, wüßte ich ihren Wert, ihre Bedeutung nicht. Nun will ich sie pflegen, zu ihnen schauen.»

In diesem Buch möchte ich die gemalten und geträumten Bilder und die Geschichten für sich selber sprechen lassen und mich auf die Momente konzentrieren, in denen Lynn Kontakt mit ihnen geschaffen hat. Mein Anliegen ist es zu verstehen, welche Bedingungen erfüllt werden müssen, um diesen Kontakt zu ermöglichen, und welche Bedingungen den Kontakt mit dem Bild verhindern. Es ist mir bewußt, daß ich dabei die ergreifende Geschichte von Lynns Leben und die Interpretation ihrer Therapie vernachlässige. Ich glaube jedoch, daß die LeserInnen diese Aspekte aus den Bildern und aus der Beschreibung ihrer Entstehung, ihrer Geschichte und ihres Hintergrundes selber erkennen können.

Die Geschichten der Bilder

> Lynn: Während des Malens war es mir überhaupt nicht bewußt, daß es eine Geschichte gab. Das Bild erzählt eine Geschichte, ohne daß man es merkt. Das letzte, was ich wollte, war, eine Geschichte zu erzählen oder zu malen. Es hat eine Geschichte, wenn man das Ganze zusammen nimmt, aber wenn man nur einen Teil aufs Mal anschaut, ergibt es keine Bedeutung (26. Mai 1987, Schlußinterview).

Innere Bilder sind Metaphern für die Erfahrung der eigenen Existenz. Wenn man mit seiner Existenz in Kontakt kommt, verändert man sich. Kontakt mit den eigenen inneren Bildern bewirkt somit auch Veränderung. Die heilende Wirkung der Kunsttherapie wurde in vielen Studien und Büchern aufgezeigt. Es handelt sich dabei aber eigentlich immer um Fallbeispiele, in denen die Besserung des Patienten im Vordergrund steht, oder um Interpretationen der Bilder. Es gibt meines Wissens keine Untersuchungen, die sich mit dem minutiösen Prozeß des Kontaktes mit dem Bild, den genauen Interventionen der Therapeutin und der Interaktion zwischen Patientin und Therapeutin und Therapeutin und Bild beschäftigen. Die Arbeit am Bild beruht auf einer Dreiecksbeziehung zwischen der Malenden, dem Bild und der Therapeutin. In dieser Studie werde ich mich zur Hauptsache auf die Beziehung der Malenden zum Bild konzentrieren und die anderen zwei Aspekte (Malende – Therapeutin, Therapeutin – Bild) nur soweit in Betracht ziehen, als sie im Entstehungsprozeß der Bilder oder im gesprächstherapeutischen Prozeß wichtig wurden. Ich möchte die kleinen Schritte untersuchen, die zum Kontakt mit inneren Bildern führen, und herausfinden, wie dieser Kontakt gestört wird. Dafür werde ich Informationen heranziehen, die ich während der verschiedenen Phasen in der Zusammenarbeit mit Lynn erhalten habe: im Malen, in der Therapie, während des gemeinsamen Betrachtens der Bilder und beim Schlußinterview.

Um den Fluß nicht zu stören, habe ich die Geschichte des Entstehungsprozesses der gemalten und geträumten Bilder von den Überlegungen zu meinen Beobachtungen getrennt. Im ersten Teil beschreibe ich im speziellen:

a) Die Interaktionen zwischen Lynn, mir und den Bildern zur Zeit der Entstehung der Bilder.
b) Meine Interventionen zur Zeit der Entstehung der Bilder.
c) Lynns Reaktionen beim jährlichen Betrachten der Bilder.

d) Lynns Träume, chronologisch in die Reihenfolge der Bilder eingeordnet.
e) Lynns Reaktionen zu den Bildern im Schlußinterview.
f) Meine Reaktion zur Zeit der Entstehung des Bildes, oder als wir sie später wieder zusammen anschauten.

Dieser Teil des Buches besteht daher aus Ereignissen, die in der Vergangenheit geschehen sind. Sie sind die eigentliche Zusammenarbeit. Ich beschreibe sie hier aufgrund von Notizen, die ich während der Therapiesitzungen gemacht habe, der Bilder und der wörtlichen Aufzeichnungen der Träume.

Im dritten Teil dieses Buches reflektiere ich über meine Interventionen. Diese vergleiche ich mit Beobachtungen ähnlicher Erscheinungsbilder aus Jahren meiner Erfahrung mit Hunderten von Malenden und ziehe theoretische Schlußfolgerungen zur Arbeit am Bild.

Erste Phase: «Gute» Bilder – «schlechte» Bilder

Bild 1 «Heulende Wölfe» (16. Feb. 1981)

Die ersten Malsitzungen benutzte Lynn, um mich, die Atmosphäre des Ateliers und das neue Malmaterial kennenzulernen. Bald hatte sie ihr Lampenfieber und ihre Angst vor abwertender Kritik bewältigt. In der vierten Sitzung begann sie jedoch schon zu verstehen, daß hier viel mehr Emotionales angesprochen wurde als je in einer Malklasse zuvor.

In ihrer fünften Sitzung malte Lynn Bild 1. Dabei kamen ihr die Tränen. Es hatte einen «Sinn», ohne daß sie seine Bedeutung verstand. Die Atmosphäre im Bild erinnerte sie an heulende Wölfe. Dabei erinnerte sie sich auch an eine Geschichte, die sie aus ihrer Kindheit kannte. Ein Eskimo-Mädchen machte sich auf die Suche nach seinem Vater und wanderte durchs große Eis. Sie konnte überleben, weil die Wölfe sie nährten und wärmten (siehe auch Bild 62). Diese schon so früh erinnerte Geschichte des Eskimo-Mädchens ist, wie sich später herausstellte, tatsächlich eine Metapher für ihre eigene Geschichte und für den Verlauf der Therapie: die Suche nach ihrem Vater in der eisigen Landschaft ihrer Seele. Tatsächlich wird sie fünf Jahre später das Mädchen unter dem Schnee begraben finden (siehe Bild 67, S. 127). Die Metapher von Eis und Schnee wird sich als oft sich wiederholendes Motiv in Lynns Werk herausstellen, das in vielen Bildern und Träumen erscheint (siehe Bilder 6, 10, 29, 32, 43, 62, 67, und Traum 6).

Lynn hatte nicht damit begonnen, «Die Suche» oder «Vater» oder «Tod» zu malen. Die Erinnerung an die Geschichte tauchte erst nach dem fertig gemalten Bild auf, einem Bild, dem man diese Geschichte noch nicht einmal ansah, das aber dieses Atmosphäre heraufbeschwört.

Im Schlußinterview sagte Lynn zu diesem Bild: «Ich fühle mich verbunden. Was mich erstaunt, ist, daß ich mich dafür nicht schäme.» Dieses Bild war das erste, das wir im Schlußinterview zusammen betrachteten, und Lynn hatte schon hier Ahnungen von dem, was kommen sollte: «Ich habe fast das Gefühl, daß sich dies auf die Person in der Höhle bezieht» (siehe Bild 23). Dann deutete sie einen Bezug dieses Bildes zu einem ihrer letzten an, dem eines Walfisches (siehe Bild 71). «Ich spüre, daß es [der Mal- und Therapieprozeß] den ganzen Kreis gelaufen hat... Das Heulen... der Walfisch.» (Im Englischen ein Wortspiel: wail/heulen und whale/Walfisch werden gleich ausgesprochen.)

Im folgenden Landschaftsbild malte Lynn zuerst eine Figur in der Mitte. Dann übermalte sie sie und malte sie erneut, nun etwas nach rechts

Bild 2 «Figuren fallen aus dem Bild» (3. März 1981)

gerückt. Dreimal übermalte Lynn die Figur und rückte sie jedesmal etwas nach rechts, bis sie am rechten Rand zum Bild hinausgestoßen wurde. Lynn vermied so den Kontakt mit dieser beängstigenden Figur, konnte sich aber im Schlußinterview daran erinnern, wie sie mit ihr umgegangen war: «Ich wollte sie nicht dort. Ich erinnere mich an eine schwarze Figur.»

Bild 3 wurde in den letzten drei Minuten der Malstunde hergestellt. Als Lynn am Ende der darauffolgenden Malstunde (10. März) in der Türe stand, sagte sie mir schnell, daß sie «es» nun wisse, sie sei, vermutlich oral, von ihrem ältesten Bruder sexuell mißbraucht worden. Ohne daß es ihr bewußt wurde, hatte vielleicht dieses Bild verborgene Erinnerungen wachgerufen, sowohl durch seinen Inhalt wie durch seine Form (penisartige Form der Zunge). Erst ein Jahr später vertraute mir Lynn in der Gesprächstherapie an, daß ihr Bruder sie bis kurz nach ihrer Heirat sexuell bedrängt hatte. Nach diesem Bild wurde dieses Thema bis in die Zeit der «Braunen Frau» nicht mehr angeschnitten.

Als der «Aufschrei» gemalt wurde, hatte Lynn noch nicht mit der Gesprächstherapie begonnen, aber der Malprozeß alleine reichte aus, um

Bild 3 «Der Aufschrei (Wail)» (3. März 1981)

ihr tiefstes und beängstigendstes Thema zu eröffnen.

Im Schlußinterview erschrak sie vor der Erkenntnis der Beziehung zwischen den «Heulenden Wölfen» und diesem Bild: «Oh mein Gott! Dort ist der Aufschrei (wail). Dort ist er in aller Kraft ... er ... das erstaunt mich. Du meine Güte, dies ist alles mit der Therapie verbunden. Damals hatte ich keine Zeit zu denken, sonst hätte ich es wahrscheinlich nicht gemacht.»

Die meisten Malereien dieser Zeit waren farbenfroh und wurden mit viel Bewegung gemalt. Lynn malte sehr gerne und verstand, daß diese Beschäftigung für sie ein wichtiges Bedürfnis erfüllte.

Geträumte Bilder: Beginn der Gesprächstherapie

Nach den Sommerferien 1981 begann Lynn eine Ausbildung für schwedische Massage. Die Schularbeit war schwierig und weckte viele alte Gefühle. Lynn begann immer häufiger während des Malens über diese Schwierigkeiten zu sprechen. Nach einiger Zeit schlug ich ihr Gesprächssitzungen zusätzlich zum Malen vor. In der ersten Sitzung sagte sie aufgebracht: «Ich will herausfinden, wer mich glauben gemacht hat, daß ich dumm bin.» In der dritten Sitzung berichtete sie diesen Traum:

> Ich schaute in einen Spiegel, und das Spiegelbild war ich überhaupt nicht. Es war eine sehr, sehr modisch gekleidete Frau. Schwarzweiß war das Muster. Als ich so in den Spiegel guckte, sagte jemand anders: Ei, du, dies sieht gerade aus wie deine Mutter [in einer tiefen, undefinierbaren Stimme]. Ich sagte zu mir selbst: «Wirklich, ich werde nicht gerne mit meiner Mutter verglichen, aber ich will dies akzeptieren.» Und dann hatte es ... es hatte einen Haufen Müll, weißt du, wie ein Mülleimer in den Straßen New Yorks. In diesem Mülleimer lag eine hölzerne Schachtel, eine große Schachtel. Wirklich schön. Es hatte ein eingelegtes Bild auf dem Deckel. Viele Nahrungsmittelteile klebten daran. Ich ließ sie [die Schachtel] dort. Ich ließ sie. Ich hätte sie haben können und ich ließ sie. Ich hatte dieses wirklich starke Gefühl, etwas über meine Mutter zu akzeptieren. Zur Schachtel hatte ich sexuelle Gedanken.
>
> *Traum 1 (19. Nov. 1981)*

Dieser Traum scheint den Verlauf der Therapie vorauszusagen. Er ist, was Jung einen «Initialtraum» nennt. Sowohl im Traum wie nachher ist Lynn nicht sicher, ob es sich bei der Person im Spiegel um sie handelt oder nicht. Sie ist geteilt in ein Bild und ein Spiegelbild, das eine sie selbst, das andere eine «sehr, sehr modisch gekleidete» Mutter, von der Lynn noch nicht abgelöst ist. In ihrer späteren Arbeit spricht Lynn oft von den «angemalten Frauen» (Huren), die gleichzeitig große Furcht und Faszination bei Lynn auslösten. Sowohl in der Therapie als auch beim Malen wird sich Lynn oft mit der Frage, ob sie eine Hure oder eine Heilige sei, auseinandersetzen. Im Traum wird auch die Art des Widerstands vorausgesagt: Lynn wird alles entweder schwarz oder weiß sehen, im Alles oder Nichts verharren. Traum 1 zeigt ebenfalls an, wo der Fokus der Therapie sein wird: Die schöne Schachtel, eine Metapher für etwas Wertvolles, muß aus dem Müll gerettet werden, sie muß gesäubert und geschätzt werden.

Zwischen November 1981 und Februar 1982 drückt Lynn in ihren Bildern dieses Schwarzweißmuster aus. Sie malt vorwiegend ruhige Landschaften (moralisch gut, Heilige, «weiß»), unterbrochen von beängstigenden Figuren (moralisch schlecht, Hure, «schwarz»).

Bild 4 ist das frühe Beispiel einer schlammigen, primitiven Form, die sich später sowohl in die beängstigenden Figuren wie in die Braune Frau entwickeln wird. Diese frühen, primitiven Bilder machten Lynn große Angst. Sie fand sie kindisch und eklig. Verlegenheit, Scham, Abscheu

Bild 4 «Schlammfigur» (18. Mai 1982)

sind Gefühle, die Lynn daran hindern, das Bild fertigzustellen und Kontakt damit aufzunehmen.

Im Schlußinterview bezog Lynn dieses Bild sofort auf Gefühle, die sie als Kind oft hatte: «So sah ich als Mädchen aus, immer schlammig, Haare im Gesicht, immer war es mir unmöglich, sauber zu bleiben. Ich hatte das Gefühl [von Dreck] gern. Ich glaube, ich war in Gefangenschaft. Es war da immer etwas, etwas, das ich nicht sagen kann. Ich wußte nicht, was sich abspielte.»

Das Wiedersehen dieser Malerei löste bei ihr Erinnerungen aus, die in die schlammigen Tiefen ihres Unbewußten reichten, und sie erinnerte sich vor allem an die beladene Atmosphäre ihrer Kindheit. Diese Erinnerungen waren ebenso undefiniert und chaotisch wie ihre Bilder. Sie empfand die Form in dieser Malerei als «Vor»-Figur. Sie bemerkte auch: «Es hat ein Auge. Das trifft mich irgendwie. Alles ist schon da.» Mit dieser letzten Bemerkung bezieht sie sich auf einen Traum 4, den sie etwa ein Jahr nach Bild 4 hatte und der die Serie der Braunen Frau einleitete.

Die innere Wandlung Lynns wurde im Schlußinterview jedoch schon beim 5. Bild offensichtlich. Fünf Jahre nach der «Schlammfigur» ertrug

Lynn die schlammige, ungeklärte Qualität der Malerei, die sie vorher so geängstigt hatte, und es war ihr möglich, in Kontakt zu ihr zu treten: «Damals war es wahrscheinlich nur ein Durcheinander. Aber es ist ohne Frage eine Person. *Damals konnte ich es nicht fertig stellen, aber jetzt könnte ich es.*»

Bildbesprechung mit Lynn, Mai 1982

Eine Bildbesprechung ist eine Sitzung nur mit der Malenden, in der die Bilder in ihrem chronologischen Ablauf zusammen betrachtet werden. Dabei hat die Malende die Möglichkeit, ihre Beobachtungen auszudrükken. Die Aufgabe der Therapeutin ist es, zuzuhören und schädliche Bemerkungen zu entschärfen. Es werden keine Interpretationen im analytischen Sinn angeboten.

Als wir zum erstenmal die Malereien zusammen anschauten, fiel Lynn ein deutliches Muster der Stilphasen auf: Sie malte ruhige, beruhigende Landschaften, dann meistens eine unruhige Landschaft, welche zu einer beängstigenden Figur überleitete. (In der Folge werde ich als «ruhige Landschaft» diejenigen bezeichnen die, wie Bild 19, mit ununterbrochenen Flächen und flachen Pinselstrichen gemalt wurden. Dagegen werde ich als «unruhige Landschaften» jene bezeichnen, in denen, wie im Bild 21, mit kürzeren Pinselstrichen die Farbe in mehreren Lagen bearbeitet wurden und die einen allgemeinen Eindruck von Bewegung erwecken. Als «beängstigende Figur» werde ich Malereien bezeichnen, die, wie Bild 9, meistens tatsächlich eine Figur darstellen und die während des Malens bei Lynn große Angst und Abwehr ausgelöst hatten.) Nach einer unruhigen Landschaft entstand eine beängstigende Figur. Als Reaktion auf die große Angst, malte Lynn wiederum ruhige Landschaften, und der Kreislauf begann von neuem. Während dieser Bildbesprechung bezeichnete Lynn die Figuren als «schlecht», als etwas Verachtenswürdiges, Unmoralisches ausdrückend, vor dem sie Angst hatte. Dagegen bezeichnete sie die ruhigen Landschaften als «gute» Bilder, auch mit einer moralischen Bedeutung. Sie sagte, daß sie während des Malens der schlechten Bilder keine Erinnerung daran hatte, daß sie auch «gute» Bilder malte und umgekehrt. Dies war auch ein Grund, warum sie die «schlechten» Bilder so meiden mußte: Sie war nie sicher, ob diese Phase wieder vorbeigehen würde. Die Gegensätzlichkeit dieser Bilder erinnert an das Schwarzweißmuster von Traum 1.

Im Schlußinterview war Lynn nicht mehr so sehr mit dem moralischen

Aspekt dieses Zwiespalts beschäftigt. Sie erinnerte sich: «Ich malte sie entweder stürmisch oder ruhig. Ein Vorläufer für die stürmischen Dinge, die ich machte. Ich sehe sie (in den unruhigen Landschaften, siehe Bilder 8, 21, 33, 44, 63) als Vorboten der Dinge, die kommen.»

Während einer typischen Malsitzung malte Lynn zwischen vier und sechs ruhige Landschaften. Nach einigen solchen Sitzungen machte ich eine Intervention, ich fragte sie zum Beispiel, wie befriedigt sie von dem sei, was sie malte, wie sie sich fühlte etc. Diese Fragen halfen die Beziehung zwischen Lynn und ihrem Bild zu klären, und sie regten sie meistens auf. In der Folge veränderten sich die Bilder, und ein neuer Kreislauf von Unruhe, Angst und Ruhe begann. Lynn brauchte diesen Rhythmus von «Anrühren und Fortrennen», um die überwältigend beängstigenden Bilder ertragen zu können. Gleichzeitig wurden diese schrecklichen Figuren dadurch, daß sie gemalt wurden, in eine Form gefaßt und waren somit weniger beängstigend. Darüber hinaus hatte sie sie nun unter Kontrolle. Sie konnte sie wegmalen oder tatsächlich einhalten, indem sie eine Grenze darum herum malte (siehe Bilder 2, 9).

Bild 5 «Ruhige Landschaft» (30. Nov. 1982)

Während der Bildbesprechung erlebte Lynn die ruhigen Landschaften als beruhigend und die beängstigenden Figuren als abstoßend und beängstigend. Ich nahm an, daß Lynn durch die ruhigen Bilder vermutlich irgend etwas auswich, was immer das war, und sich der Sache in den beängstigenden Bildern eher stellte. In beiden Arten vermied sie aber den Kontakt mit dem Bild, indem sie es moralisch verurteilte.

Als Lynn ihre Bilder im Schlußinterview sah, bemerkte sie den zyklischen Rhythmus erneut. Allerdings empfand sie die zwei Arten nicht mehr als «gut» und «schlecht», sondern als «ruhig» und «unruhig». Ihre Ansicht hatte sich aber nach diesen Jahren noch viel tiefgreifender verändert. Was Lynn damals als gut oder ruhig empfunden hatte, war jetzt, nach sechs Jahren, nicht mehr so. Lynn drückte ihre veränderte Sicht klar aus: «Dies [Bild 5] sieht wie eines meiner ruhigen Bilder aus. Damals wußte ich nicht, wie stürmisch, traumatisch ... nicht traumatisch, wie schwierig ... Ich drückte immer ... drückte es hinunter, um es nicht wachsen zu lassen, um es nicht herauszulassen. Ich spüre all diesen Scheiß in meiner Brust, wie wenn etwas auf meiner Brust sitzen würde. Ich wollte die Dinge beruhigen. Ich merke jetzt, wie gefährlich die anderen Bilder (beängstigende Figuren damals) waren. Wenn es anfing ... Ich zwang sie zur Ruhe mit diesen Bildern.»

Lynn war sich der Bedrohung in ihren Bildern von erschreckenden Figuren schon zu der Zeit bewußt, als sie sie malte. Das Gefühl von gefährlicher Repression in ihren «ruhigen» Bildern wurde ihr erst während des Schlußinterviews bewußt. In ihrem Kommentar spürt sie die Gefahr in der Ruhe: «Ein ruhiges Bild [6], und es hat eine Art Leidenschaft darin, im Schwarz und Rosa. Eisig kalte Schönheit, wo nichts leben kann. Man ist auf seine Nahrung und Körperwärme angewiesen, Isolation von den bösen Dingen, entweder man lebt oder man stirbt. Suizidal. Ich spüre es. Es ist wie ein suizidales Bild. Ich glaube nicht, daß ich damals je daran dachte. Es bringt Zeug hoch, dessen ich mir damals nicht bewußt war.»

Damals hatte ich noch keine Ahnung von dieser Gefahr. Hätte mir dieses Wissen in der Arbeit mit Lynn geholfen? Ich glaube, daß die suizidalen Gedanken Lynns damals so tief versteckt waren, daß sie keine Worte hatten. Tatsächlich aber wurden Lynns Gefühle unbewußt durch diese Bilder ausgedrückt und lösten dadurch langsam den Griff, den sie auf Lynn hatten. Obwohl Lynn damals von der Repression nichts ahnte,

Bild 6 «Suizidale Landschaft» (7. Dez. 1982)

malte sie zumindest die Bilder, ein erster Schritt zum Kontakt. Eine Bewußtwerdung der verdrängten Inhalte wäre zu der Zeit zu überwältigend gewesen.

In ihrer Therapiesitzung erinnert sich Lynn an einen immer wiederkehrenden Traum aus ihrer Kindheit:

> ... ein alter Plattenspieler mit einem Megaphon, wie ein schwarzer Strudel ... und irgendwie war mein Vater dort und es wirbelte herum und ich wurde hineingezogen und mein Vater war am Grund und irgendwie ist es endlos und verändert sich nicht.
>
> *Traum 2 (16. Dez. 1982)*

Dieser Kindertraum fängt das Wesen von Lynns Angst präzise ein - denn ihr Vater ist der Grund von allem. Daß sie sich an den Traum zu dieser Zeit erinnert, stimmt mit ihrer unbewußten Angst überein, in einen tödlichen Abgrund des Schreckens gezogen zu werden. Die schrecklichen Figuren berührten ihre tiefsten Ängste und erlaubten es ihr, sie zu bearbeiten; die ruhigen Bilder hielten diesen Abgrund zugedeckt und gaben ihr Raum zu atmen.

Bild 7 «Erschreckende Figur» (21. Dez. 1982)

Dies war eines der Bilder, das Lynn haßte, als sie es malte. Es war eine Landschaft, die sich gegen sie gewendet hatte. Sie bekam solche Angst, daß sie das Bild fast nicht fertig malen konnte.

Während des Schlußinterviews fühlte sich Lynn fast erleichtert über das Chaos dieses Bildes: «Dies ist nicht suizidal. Das andere Bild [Bild 6] war heimtückisch, still suizidal. In diesem [Bild] ist Aktion. Wo Aktion ist, glaube ich nicht, daß Selbstmord ist.» Jetzt, wo Lynn genügend Ich-Stärke aufgebaut hat, kann sie es sich erlauben zu merken, daß mehr Gefahr in der Repression als in der Expression liegt.

Von hier ab werde ich nur diejenigen Bilder der Gut-Schlecht-Zyklen beschreiben, die während des Schlußinterviews durch Lynns Aussagen wichtig wurden oder auf Wichtiges, Kommendes hinwiesen. Bild 8 war ein «nicht so ruhiges» Bild, das sie aufregte und etwas Furchterregendes einleitete. Im Schlußinterview sagte Lynn: «Es ist, wie wenn das Eis aufbrechen würde.» Dieser Kommentar weist wiederum auf die Wichtigkeit der Eis-und-Schnee-Metapher in Lynns Bildern hin.

Bild 8 «Unruhige Landschaft» (1. Feb. 1983)

Bild 9 «Erschreckende Figur» (1. Feb. 1983)

Während dieser frühen Phase, vor der Braunen Frau, konnte sich Lynn nicht mehr als eine Malsitzung lang mit dem furchterregenden Inhalt ihrer Bilder beschäftigen. Anschließend benötigte sie zwei bis vier Malsitzungen, in denen sie ruhige Landschaften malte. Dann begann sie wieder mit einer unruhigen Landschaft, die meistens am Ende der Malstunde zu einer erschreckenden Figur führte. Bild 9 ist ein Beispiel dafür. In diesem Bild kann man die schwarz gemalte Grenze erkennen, die das innere Chaos enthält und eingrenzt.

Bild 10 «Ruhige Landschaft» (10. Feb. 1983)

Nach dem Schrecken von Bild 9 malte Lynn wieder ruhige Landschaften. Lynns Kommentar im Schlußinterview war: «Ausruhend, auch wenn es in Erinnerung ruft, daß man sich ins Eis setzen könnte; es besteht immer die Gefahr von dünnem Eis, aber es gibt einen Moment des Friedens.» In all diesen Vorstellungen, daß man Selbstmord begehen könnte, indem man sich ins Eis begibt, bezieht sich Lynn auf die Geschichte des Mädchens mit den Wölfen und darauf, daß sich alte Eskimos auf diese Weise töteten, um der Gesellschaft nicht zur Last zu fallen. Lynn war davon tief beeindruckt.

Die Metapher «auf dünnem Eis gehen» fällt einem dabei ein. In ihr kommt zum Ausdruck, daß die Gefahr akuter wird, wenn die Verteidigungsmechanismen dünner werden.

Bild 11 «Unruhige Landschaft» (15. Feb. 1983)

Man kann im Hintergrund dieser unruhigen Landschaft den Versuch erkennen, eine ruhige Landschaft zu malen. Formen, die Bäume sein könnten, drücken sich in die ruhige Landschaft und stören den Frieden. Dieses Bild ist aber weniger chaotisch als die früheren unruhigen Landschaften. Die klare und einzige Richtung der Bäume und die geordnete Struktur zeigen Bemühungen um Integration. Als Lynn dieses Bild malte, mochte sie es.

Im Schlußinterview bemerkte Lynn die hoffnungsvolle Atmosphäre dieses Bildes: «Das ist fast schön, es ist wie ein verbrannter Wald. Es erinnert mich an diese Waldbrände; tatsächlich, es könnte immer noch motten. Ich sehe das als eine Art Umweltgleichgewicht - Wälder müssen brennen, aber nicht alle Tiere sterben, es hat immer einen Haufen Überlebende in Waldbränden, und dann wird der Boden wieder aufgefrischt und genährt, und das braucht es, damit alles wieder erneuert wird.» Was sie jetzt mit einer verbalen Metapher sagen kann, war damals nur durch eine visuelle möglich: «Ich glaube nicht, daß ich damals, als ich das Bild malte, an das dachte. Damals war es wie eine Trance, hypnotisch.» Trotzdem, oder gerade deswegen, war das Bild so hoffnungsvoll, denn Lynn konnte sich nun wieder der nächsten erschreckenden Figur stellen.

Bild 12 «Erschreckende Figur» (1. März, 1983)

Als sie diese Figur malte, haßte Lynn die Farbe Rosa und verabscheute den kindischen Ausdruck der Malerei. Zu jener Zeit bedeutete Rosa «angemalte (leichte) Frauen» für sie. Es stand für die verabscheute Hure in ihrem geteilten Selbstbild. Auch dieses Bild war nur zur Zeit der

Entstehung so scheußlich. Lynns Reaktion während des Schlußinterviews: «Die ist lustig. Es gab eine Zeit, in der ich Rosa haßte - wirklich abscheulich. Diese Figur hat viel Rosa. Es hatte mit Fraulichkeit zu tun. Nun habe ich nicht mehr dieselben Gefühle für Rosa, aber damals haßte ich es, und in diesem Bild sieht man das.» Wiederum nimmt sie schon in diesen frühen Bildern ihr zentrales Problem der Therapie wahr, die Wiederfindung ihrer Fraulichkeit.

Bild 13 «Erschreckende Figur» (3. März 1983)

In diesem Bild überrollte ich Lynns Zurückhaltung, indem ich sie bat, die Details des Bildes genau zu klären. Sie haßte das Bild und wollte es unbestimmt belassen, aber unter meinem Druck malte sie diesen erschreckenden Mann, der eine kleine Frau in einer erstickenden Weise umarmt. Als es fertig war, legte sie es sofort weg und vergaß es.

Ich kann mich erinnern, daß ich mich gedrängt fühlte, bei diesem Bild nicht loszulassen. Ich zeigte Lynn ein Detail nach dem anderen auf, das sie noch klären mußte, und am Ende hatte ich das schreckliche Gefühl, ihr das Bild entrissen zu haben. Lynn war erschöpft und letztlich darüber enttäuscht, daß sie keinen Kontakt mit dem Bild aufnahm, sondern nur Abscheu und Angst fühlte. Nicht nur Lynn mied dieses Bild dadurch, daß sie es vergaß - ich selbst fühlte mich nach wie vor unangenehm berührt.

Im Schlußinterview nahm Lynn sofort wahr, wie furchtbar es gewesen war. Es nur schon zu sehen war ihr unangenehm: «Das ist wirklich furchtbar, das friert mich.... Ich weiß gar nicht, was ich dazu sagen soll.» Da ihr dieses Bild viel zu früh aufgedrängt worden war, hat es keine Erinnerungen ausgelöst oder sonst etwas Gutes für sie getan; tatsächlich erschreckte es sie noch viel mehr, obwohl oder gerade weil es so deutlich den Inzest darstellte.

Der zyklische Rhythmus «ausruhender» und «schrecklicher» Bilder begann sich zu beschleunigen. In diesem Bild kann man immer noch die

Bild 14 «Erschreckende Figur» (22. März 1983)

ruhige Landschaft im Hintergrund erkennen, in welche eine Figur eindringt. Was vorher noch eine schlammige «Vorfigur» war (siehe Bild 4), hat sich jetzt in eine schlammige Figur entwickelt.

Lynn lehnte diese erschreckenden Figuren so sehr ab, daß ich diese Bilder für sie gern haben mußte, sie konnte es nicht selber. Lynn lernte aber durch das Malen, sich um sie zu sorgen und sie, indem sie sich den Details widmete, mit der Zeit auch zu akzeptieren. Die Veränderung ihrer Haltung diesen Bildern gegenüber wird im Schlußinterview deutlich: «Überhaupt, ich weiß nicht, was ich fühlte, als ich das Bild malte, aber es hat etwas sehr Sympathisches, ich bemitleide es etwas; es scheint so primitiv, halb entwickelt, noch nicht einmal fertig geformt ... sich aus dem Boden erhebend oder aus der Höhle kommend. Merkwürdig.»

Bild 15 «Erschreckende Figur» (6. April 1983)

In Bild 15 erscheinen die drei Köpfe der Richter zum erstenmal, ein Thema, das in der Geschichte der Braunen Frau voll zur Entfaltung kommt. Im Schlußinterview konnte Lynn immer noch die Angst nachempfinden, die sie damals gefühlt hatte: «Wenn ich male, habe ich das Gefühl, daß ich Gerüche, Töne oder Wind oder sonstiges malen kann. Dies [die rote Farbe, die vom Mund aus geht] könnten Wörter sein, schreckliche Wörter. Es könnten auch Schreie sein. Der Terror ist wirklich, es ist nicht nur Scheinterror. Ich werde kribbeliger, je länger wir dieses Bild anschauen. Es sieht so aus, als ob ich mich damit nicht verweilte. Es kam einfach schnell heraus.» Tatsächlich war Schnelligkeit beim Malen typisch für Lynn. Erst gegen Ende wurde sie ein bißchen langsamer und es wurde ihr möglich, das, was sie malte, wahrzunehmen.

Bild 16 «Heilige» (19. April 1983)

Bild 16 war für Lynn schwierig zu malen, sie wollte, daß es «richtig» wurde. Immer wieder arbeitete sie am Gesichtsausdruck, die Augen und der Mund wurden oft übermalt. Am Schluß jedoch hatte sie das Bild gern. Es wurde das erste einer Serie von dreien (16, 17, 18), die sie an diesem Abend malte und die ihre innere Teilung zwischen der «Heiligen» und der «Hure» aufzeigten, ein Gefühl, das sie schon seit ihrer Kindheit mit sich herumtrug. Ihre unbewußte Annahme war, daß es nur zwei Möglichkeiten ihrer Existenz geben konnte: Sie konnte eine Heilige oder eine Hure sein. In ihrem Wunsch, «gut» zu sein, identifizierte sie sich mit der Heiligen, da sie aber ehrlich und intelligent ist und zudem nagende Zweifel aufgrund des Inzesttraumas hatte, fürchtete sie dauernd, vielleicht doch eine Hure zu sein. Dieser Gedanke mußte um jeden Preis vermieden werden und mit ihm alles, was sie daran erinnern konnte.

Im Schlußinterview nahm sie die «Heiligkeit» der Figur sofort wahr und fand eine Verbindung zu ihrem Trauma: «Die Locke unter dem Auge ist eine Träne, fast wie eine Jesusfigur. Jesus leidet für die Sünden der Welt, und dieser Kopf leidet stellvertretend für die Sünden von ..., die ihm angetan werden, für die Sünden der anderen, für die Sünden der Eltern, für die Sünden unserer Väter, ihres [der Heiligen] Vaters? Ich kann es nicht geradeaus sagen, aber ich glaube, daß sie für die Sünden ihres Vaters ... es gibt mir das Gefühl, daß etwas auf meine Schultern drückt, weißt du, das alte Lastgefühl.»

Als Lynn das Bild malte, akzeptierte ich das Leiden, ich hatte aber auch das Gefühl, daß diese Heilige das Beste aus ihrem Leiden machen würde. Die Märtyrerseite dieser Heiligen wurde später offensichtlicher (Bild 55). Was Lynn jedoch während des Schlußinterviews sagte, berührte mich vor allem deshalb, weil sie wiederum in einem so frühen Bild vorausspürte, was erst viel später angegangen werden konnte und wovon wir beide während des Malens keine Ahnung hatten. Ich glaube, daß diese Vorahnungen nicht damit abgetan werden können, daß sie ja zur Zeit des Schlußinterviews wußte, was nachher entstehen sollte. Sie muß in diesem Moment etwas in den Bildern selbst wahrgenommen haben, das sie zu diesen Aussagen führte.

Das nächste Bild dieser Serie wurde viel schneller gemalt; Lynn hatte Angst vor diesem Gesicht und haßte es. Sie nannte es das Gesicht einer Hure und hatte nicht nur Angst davor, sie fühlte sich davon auch angewi-

Bild 17 «Hure»
(19. April 1983)

dert – es war unverkennbar das Bild einer «angemalten (leichten) Frau».

Im Schlußinterview hatte Lynn deutlich keine Angst mehr vor angemalten Frauen: « . . . schau dir all das Make-up an. Rouge und Lippenstift. Es ist wie Frühling . . . Frühling bedeutet Wiedergeburt für mich.» Welche Veränderung von Gefühlen der Scham und Verachtung hin zu jenen von Zuversicht und Tatendrang!

Das dritte Bild (18) wurde sehr schnell gemalt, nachdem Lynn sich die ersten zwei nochmals angeschaut hatte. Das erste war ihr zu heilig, das zweite war kalt und eine Hure, und sie hatte beide nicht gern. So malte sie noch eine, «so, wie es sein sollte». Es wurde, was sie schon damals ein Selbstportrait nannte.

Bild 18 «Selbstportrait I»
(19. April 1983)

Dieses Bild kam mir so vor, wie wenn Lynn mir beweisen wollte, daß sie weder eine Heilige noch eine Hure war, wie wenn sie nun das «richtige» Bild von sich malen wollte. Damit meinte sie meine Erwartungen zu erfüllen. Unsere Beziehung blieb bis ans Ende der Therapie ein Thema, das wir nie ganz aufarbeiten konnten. Dennoch war mir klar, daß es sich bei diesem Bild tatsächlich um ein Selbstportrait handelte.

Im Schlußinterview bestätigte Lynn dieses Gefühl: «Das ist ein richtiges Selbstportrait.»

Gegen Ende der Saison 1982–83 war Lynn ganz im Prozeß des Malens engagiert. Sie war nun mit meiner Arbeitsmethode und mit der Arbeit am Bild vertraut. Sie hatte begonnen, sich mit ihrem Zwiespalt von «gut» und «böse» durch die «ruhigen Landschaften» und «erschreckenden Figuren» auseinanderzusetzen. Sie hatte ihrem Dilemma, ob sie eine Heilige oder eine Hure sei, Form gegeben.

Zweite Phase: Vorbereitung

Bild 19 «Blumenbild» (13. Okt. 1983)

Nach der Sommerpause nahm Lynn im Oktober 1983 das Malen und die Therapie mit viel Enthusiasmus wieder auf. Sie malte ein schönes Bild von Blumen, das sie als «Bild» bezeichnete. Dann jedoch fand sie zu ihrem Zyklus von Ruhe - Unruhe - erschreckende Figuren zurück. Meistens war etwas Regression nötig, um den Anschluß an die früheren Bilder vor der Sommerpause wiederzufinden.

Dann malte Lynn wieder eine ruhige Landschaft (fünfte Sitzung nach der Sommerpause). Der Stil dieser Landschaft ist von denen ihrer früheren nicht zu unterscheiden. Im Schlußinterview spürt Lynn weiterhin den ominösen Anteil der «ruhigen» Landschaften: «Es scheint wirklich friedlich, aber es ist viel Arbeit, über das Wasser und den Sand zu gelangen.»

Bild 20 «Auftauchendes Bild I» (17. Nov. 1983)

In der Bildbesprechung im Mai 1984 erlebte ich, im Gegensatz zu Lynn, dieses Bild als die auftauchende Braune Frau. Es ist wichtig, sich an dieser Stelle zu erinnern, daß Lynn während des Schlußinterviews nur eine unklare Erinnerung an ihre Bilder hatte. Sie erinnerte sich zwar, daß es eine Geschichte der Braunen Frau gab, hatte aber keine Ahnung, zu welchem Zeitpunkt diese erscheinen würde, noch wie die Bilder aussahen. Es ist daher um so erstaunlicher, daß Lynn das Auftauchen der Braunen Frau in diesem Bild erahnte.

Im Schlußinterview bestätigte Lynn mein Gefühl, daß der braune Hügel mehr als ein Hügel war: «Oh, das habe ich gern. Den habe ich wirklich gern, diesen Hügel. Siehst du, das könnte das obere Ende eines Kopfes sein, der hinausschaut. Es stört mich, daß es in meiner Sicht nicht eine Landschaft bleiben will.» Sie sagte dies mit viel mehr Erregung und Wonne als sonst; es enthielt ein Gefühl von Erwartung.

Das Bild, das nach Nr. 20 entstand (hier nicht abgebildet), war eine weitere ruhige Malerei. Sie sah wie eine von Lynns üblichen Landschaften aus, aber was Lynn im Schlußinterview darüber sagte, war aufsehenerregend: «Ei, das ist eine interessante Landschaft, sie erinnert mich irgendwie an die Wölfe, gibt mir so ein Gefühl, verbunden mit dem letzten Bild (Bild 20), wie wenn sich der Kopf gedreht hätte und dies auf der anderen Seite sähe.» In diesem Bild spürt Lynn die Verbindung zwischen den «heulenden Wölfen» (Bild 1) und der kommenden Geschichte der Braunen Frau - so, als ob dieses Bild der Drehpunkt in ihrer Entscheidung, sich «umzudrehen» wäre, sich dem zuzuwenden, was kommt und was ihr Angst macht.

Bild 21 «Unruhige Landschaft» (22. Nov. 1983)

Der Entschluß, sich zu wenden und das neue Territorium anzuschauen, beunruhigte Lynn vorerst. Im Schlußinterview spürte Lynn den Kampf, der in dieser Zeit stattfand: «Dies kommt mir vor, wie wenn man durch ein wildes Meer rudern würde. Etwas verändert sich hier.»

Diese Figur war so hassenswert und beängstigend wie die früheren «erschreckenden Figuren». Lynn war jedoch diesmal fähig, mehr Verantwortung für dieses so abstoßende Bild zu übernehmen. Sie nahm sich Zeit, um Details auszuarbeiten, und schaffte so Kontakt zum Bild.

Bild 22 «Erschreckende Figur» (22. Nov. 1983)

Im Schlußinterview sagte Lynn: «Es [das Bild] fühlt sich an wie ein Bild, das ich machte - etwas Schreckliches -, dann wandte ich mich ihm wieder zu und umsorgte es. Ich habe etwas Mitleid mit der Figur, und ich fühle mich nicht mehr so ruhig wie in den ruhigen Bildern.» Ihre Haltung den Figuren gegenüber hat sich wesentlich geändert. Was damals ekelhaft war, wird jetzt als hilfsbedürftig erfahren. Was damals ruhig war, bedeutet jetzt Verdrängung und Gefahr.

Was damals während des Malens unauffällig war für mich und ruhig für Lynn, war für sie während des Schlußinterviews beunruhigend: «Es ist schwierig, übers Wasser zu kommen. Etwas verändert sich. Ich spürte, daß dieser Kopf [Bild 22] dabei war, sich aufzulösen, er war im Boden vergraben gewesen, ich wäre [heute] erschreckt, aber ich würde nicht mehr fortrennen, er [der Kopf] braucht Hilfe.» Wieder betont Lynn hier, was gerade eben möglich wurde - die wachsende Sorgfalt für ihre erschreckenden Bilder - und was zur Zeit des Schlußinterviews neu war: ihr Unbehagen mit den ruhigen Bildern. Das Ausmaß des akkuraten Einfühlungsvermögens für ihre Bilder zur Zeit des Schlußinterviews deutete meines Erachtens auf die Gesundung von Lynns Selbst hin.

Bild 23 «Ruhige Landschaft» (29. Nov. 1983)

Im nächsten Bild kann man den gleichen Hügel wie in Nr. 20 sehen, nur sind es jetzt deren zwei. Jung stellte fest, daß eine solche Verdoppelung auf eine Differenzierung des Komplexes hinweist, der dadurch zugänglicher wird. Im Schlußinterview spürt Lynn wiederum, daß etwas im Begriff ist aufzutauchen. Sie wird immer aufgeregter und stampft mit den Füßen: «Dies ist irgendwie mit dem Klumpen von vorher verwandt, vielleicht sind es zwei Köpfe, die über die Landschaft oder die Berge schauen.» Sie mag das Bild.

Bild 24 «Auftauchendes Bild II» (12. Dez. 1983)

Bild 25 «Familie am Leichenmahl» (5. Jan. 1984)

Bild 25 ist ein Wendepunkt. Lynn malte es auf vier große Blätter, eine Endgröße von ca. 125 × 190 cm. Sie begann, eine Landschaft mit Bäumen an einem Flußufer zu malen. Bald jedoch verwandelten sich die Bäume in Leute, wie sich bei ihr oft Landschaften in Menschen verwandeln. Als das Bild fertig war, fragte ich Lynn, zu welcher Gelegenheit diese Leute hier zusammengekommen seien. Sie antwortete, daß es die Beerdigung des Großvaters, eine Familienzusammenkunft, sei – plötzlich bemerkte sie mit einem Aufschrei, daß diese Familie genau der ihren entsprach. In der oberen Reihe von links nach rechts: ihr jüngerer Bruder, ihr ältester Bruder, sie selbst, ihr jüngster Bruder. In der unteren Reihe von links nach rechts: ihr älterer Bruder, ihre ältere Schwester, ihr Vater, ihre Mutter. Sie waren alle da, ohne daß sie auch nur im entferntesten während des Malens daran gedacht hatte. Über sich selbst im Bild sagte sie damals, daß sie «sinnlos» schreie, um die gespannte Atmosphäre und die unausgesprochenen Interaktionen in der Familie zu unterbrechen.

Die Erkenntnis, daß dieses Bild tatsächlich ihre Familie darstellte, war für Lynn überwältigend. Sie versicherte mir, daß jedes Mitglied perfekt charakterisiert sei, ohne daß sie auch nur einen Strich am Bild zufügen mußte. Sie erzählte mir, daß sie sich als Kind oft so gefühlt hatte: sie hätte schreien mögen, um die Spannungen in der Familie, die sie nicht verstehen konnte, zu unterbrechen. Als ihre Familie einmal in die Bilder eingebrochen war, wurde sie auch in der Therapie zugänglicher. Diese Malerei bildete den Anfang einer konzentrierteren Konfrontation mit dem, was zwischen Lynn und den Mitgliedern ihrer Familie passiert war.

Diese Erinnerungen und Erkenntnisse zeigten, daß Lynn mit dem Bild Kontakt aufgenommen hatte. Das Typische an seinem Entstehungsprozeß ist die völlige Überraschung. Sie wiederum ist das Kennzeichen, daß durch das Malen des Bildes selber die seelische Arbeit geleistet wurde.

Im Schlußinterview brauchte Lynn einige Zeit, bis sie merkte, um welches Bild es sich handelte. Dann sagte sie: «Das ist die Familie! Mensch, sie sind, sie sind wirklich lustig. Ich bin sicher, daß es mich aus der Fassung bringt, wenn ich noch länger dabei bleibe. Es ist herrlich, sie so ein Stück von sich weg zu haben. Jeder Pinselstrich hat eine Bedeutung. Wenn ich es nur schnell anschaue, sieht es wie ein Wirrwarr aus. Das ist wirklich wichtig für mich jetzt, jeder Pinselstrich hat dort eine Bedeutung. Wenn ich mich an damals erinnere, war es nur ein verwirrtes Durcheinander von Dingen.»

Bild 26 «Total verrückte Monolithen» (12. Jan. 1984)

Dieses Bild fing ganz harmlos an, obwohl Lynn sich abmühen mußte, herauszufinden, worum es ging. Zu Beginn waren die beiden Formen zwei Steine, Monolithen. Als sie fertig waren, war es Lynn bang. Das Bild war noch nicht fertig, aber sie wußte auch nicht weiter. Genau wie die Bäume in Bild 25 wollten diese Monolithen keine Steine bleiben; sie wurden zu Menschen. Lynn wurde immer aufgeregter und geriet zusehends aus der Fassung. Sie malte weiter, und die Steine wurden ein Paar. Am Schluß des Bildes sagte sie, daß die zwei Leute total verrückt geworden seien (gone haywire). Ich fragte Lynn, was denn geschehen sei, daß sie so verrückt geworden seien, und sie platzte heraus: «Ich wurde geboren!» (Tatsächlich war Lynns Geburtstag am nächsten Tag!) Dann erkannte sie plötzlich, daß sie ein ungewolltes Kind gewesen war. Diese Erkenntnis erschütterte Lynn zutiefst. In der darauffolgenden Therapiesitzung war sie fähig, etwas mehr darüber zu sagen: Ihre katholische Familie hatte schon zwei Knaben und ein Mädchen; es war während der Großen Depression, und es gab wenig Arbeit.

Im Schlußinterview konnte sich Lynn nicht mehr an den Schrecken dieser Erkenntnis erinnern. Statt sich mit dem ungewollten Kind zu identifizieren, spürte sie nun eine Beziehung zur Mutter. Es scheint, als ob die fast unerträgliche Ablehnung, die im Bild zum Ausdruck kam, zur Zeit des Schlußinterviews vergessen und vergeben war. «Ich identifiziere mich mit der Gelben dort (Mutter), ich spüre eine sehr persönliche Verbindung zu ihr.»

Zu diesem Zeitpunkt des Malens und der Therapie hatte Lynn genügend Ich-Stärke aufgebaut, um den Hauptpunkt ihrer Therapie, den Inzest, anzugehen. Der erste Hinweis auf dieses Erlebnis fand sich im vergessenen Teil dieses Traumes:

> Im Traum erwache ich aus einem Traum. Es ist eigentlich wie ein Traum in einem Traum. Aber ich erwache von diesem Traum und gehe an den Spiegel. Und ich schaue und sehe meine Augen, mein Auge. Und das [rechte] Auge sieht sehr gelb aus, und es hat einen roten Flecken, einen großen roten Flecken im Weiß, im Gelb meines Auges. Und während ich so schaue, wächst das Auge an. Es wird immer größer, und es tritt immer mehr hervor, und es ist groß und schwammig, und es fällt aus der Augenhöhle in meine Hand. Und ich halte es. Ich halte es.
>
> *Traum 3 (19. Jan. 1984)*

In dieser Sitzung schlug ich Lynn vor, den vergessenen Traum «wiederzuträumen». Zuerst bat ich Lynn, die Augen zu schließen und ruhig zu atmen, dann Bilder entstehen zu lassen. Die Kommentare, die ich während dieser Arbeit machte, sind in Klammern eingefügt. Sie erzählte:

> Was durch meinen Kopf geht, ist eine Mordgeschichte. Ich sehe, es sind alles Schatten. Jemand wird angegriffen, vielleicht wird jemand ermordet. Ich bin nicht sicher. Ich sehe wirklich einen Haufen von Körpern. Ja, ich denke, es hat zwei Leute, und eine Person kann sich nicht wehren. Ein Mann greift an, die andere Person ist eine Frau. (Wo findet das statt?) Ich sehe keine Landschaft. Und es hat viel sich Windendes und sich Drehendes. Und eine Person ist viel größer als die andere. Die andere vielleicht . . . sie ist klein. Und es ist, ah . . . Ich glaube nicht, daß es wirklich ein Mord ist, aber es hat Blut. Und wie, ein Blutstrom fließt die Straße hinunter, wie in «Hundert Jahre Einsamkeit» [Roman von García Márquez]. Und alles ist jetzt auf eine Art still. Die Person ist dort, ein

Haufen. Nein, es ist jetzt alles auf eine Art still. Die kleine Person ist am Boden, auf eine stille Art, so wie erstickt, nicht wirklich erstickt, eine Art gelähmt. Kein Wunder, daß ich mich an diesen Traum nicht erinnern konnte. Die große Person stand einfach auf und ging fort. Die andere ist ein Kind. (Kannst du sehen, woher das Blut kommt? Folge ihm die Straße hinauf, um die Ecke, wo kommt es her? ... [Langes Schweigen]) Vom Haufen des Kindes. (Wo?) Ich glaube, in dem Traum wurde das Kind vergewaltigt. (So, und wo kommt das Blut her?) Ich kann es nicht sagen ... Es kommt von zwischen den Beinen.

Lynn war von ihrem Tagtraum erschüttert. Sie konnte sich nun nicht mehr so eindeutig vor dem Verdacht verschließen, daß sie das kleine Mädchen gewesen war, das vergewaltigt wurde. Tatsächlich traute sie sich zu diesem Zeitpunkt noch nicht, eine Verbindung zwischen sich und dem Tagtraum herzustellen und wirklich zu glauben, daß ihr das passiert sei. In der nächsten Therapiesitzung sprachen wir über den Teil des Traumes, den sie tatsächlich geträumt hatte. Dazu wendete ich die Gestalttechnik der Traumarbeit an, bei der man sich mit den einzelnen Teilen des Traumes identifiziert und sie in einen Dialog bringt:

Das gesunde sagt zum kranken Auge: «Wenn du jetzt nicht zu arbeiten anfängst, werde ich auch herausfallen. Ich kann nicht mehr alles Schauen alleine machen, ich brauche deine Hilfe.» Am Ende des Dialoges zwischen den beiden Augen entstand eine Abmachung, daß beide Augen nun arbeiten wollten.

Ich verstand diese Erweiterung des Traumes so, daß Lynn nun bereit war, auch mit ihrem Bewußtsein und ihrem Intellekt an die Therapiearbeit zu gehen und das, was ihr passiert war, auch mit dem Denken, nicht nur mit dem Fühlen zu erfassen.

Dritte Phase: Die Braune Frau

Als die Bilder der Braunen Frau begannen, hatten wir natürlich keine Ahnung, daß sie sich zu einer Geschichte entwickeln würden. Das erste Bild war nur eines unter vielen, das zweite auch. Lynn malte auch später nie mit Absicht ein Bild für die Geschichte, auch nicht, als wir gemerkt hatten, daß immer wieder dieselbe Figur auftauchte. Sie hatte sowieso keine oder wenig Kontrolle über das, was sie malte. Die Bilder entstanden fast immer aus einer Lust auf eine bestimmte Farbe und aus Bewegungen. Erst als wir im jährlichen Bildergespräch die Bilder zusammen betrachteten, wurden wir auf die Geschichte, die sich entfaltet hatte, aufmerksam.

Wir konnten auch kaum glauben, daß es nur sechs Wochen gedauert hatte. Offensichtlich waren die drei vorherigen Jahre der Vorbereitung in Malen und Therapie dazu nötig gewesen. Zu dieser Zeit kam Lynn zweimal pro Woche ins Malen, einmal pro Woche in die Therapie.

Gleichzeitig mit den Bildern entstand eine Geschichte. *Die Bilder sind aber keine Illustration von Worten, sondern die Worte wurden viel später den Bildern beigefügt, um sie zu ergänzen.* Trotzdem werde ich zum besseren Verständnis die Geschichte der Braunen Frau vorausschicken. Manche Wörter, die ich benütze, hat Lynn während des Malens oder im Schlußinterview gebraucht. Viele beschreiben einfach, was man auf dem Bild sieht. Alle Wörter, die direkt von Lynn stammen, sind *kursiv* gedruckt.

Die Geschichte der Braunen Frau

Es war einmal eine Zeit, als die Erde fast ganz von *Eis bedeckt* war. Da lebte *eine Frau in einer Höhle* (Bild 27). Sie war *stark und braun*, sie hatte eine Familie und eine Aufgabe im Leben.

Aber obwohl alles seinen Gang hatte, wurde sie *unruhig*. Sie fühlte sich von der Höhle nicht mehr geschützt, sondern eingekerkert. Daher sagte sie eines Tages zur Höhle: *«Ich gehe.»* Die Höhle traute ihren Ohren nicht: *«Du kannst doch nicht einfach gehen, du hast doch hier deine Aufgabe, bei mir und mit deiner Familie!»* Aber die Braune Frau hatte sich entschieden. Sie wiederholte nur: *«Ich gehe.»* Die Höhle begann zu stöhnen: *«Du kannst doch nicht einfach gehen, ich würde mich einsam und verlassen und ganz schrecklich fühlen!»* Die Braune Frau seufzte, schaute sich ein letztes Mal um und ging (Bild 28).

Sie kam in eine Landschaft (Bild 29), die weit und kahl war, und sie ahnte, *daß es nicht leicht sein* würde, diese Ebene zu durchqueren. Es sah *anders aus als alles, was die Braune Frau bisher gekannt hatte, und sie wußte, daß es nur zwei Möglichkeiten gab, entweder würde sie leben oder sterben.* Trotzdem begann sie entschlossen ihre Reise.

Kurz darauf hörte sie ein Geräusch über sich. Ein Vogel! Ein Zeichen? Eine Hilfe? *Vielleicht ist es ein starker Adler*, der mir auf dieser Reise helfen wird. Aber als sie genauer hinschaute, merkte die Braune Frau, daß es nur eine Ente war, sogar nur *eine verwundete, weibliche Ente* (Bild 30). Sie war enttäuscht. Aber die Ente sagte: «Nimm mich mit auf deine Reise, ich werde dir den Weg zeigen, und du wirst mich pflegen.» Die Braune Frau dachte, daß es gar nicht so übel wäre, jemanden zu haben, der einen guten Orientierungssinn besaß und sich mit Reisen auskannte. So gingen sie denn zusammen weiter.

Es wurde Nacht, und die Braune Frau war müde. Es war ein anstrengender Tag gewesen, mit vielen Entscheidungen und Abschieden. Bald schon *schlief sie ein* (Bild 31) *und ruhte sich aus* (Bild 32).

Als sie so schlief, kamen ihr beunruhigende Bilder (Bild 33). Ihre Träume wurden schnell zu *Alpträumen*. Zuerst war es nur ein *Kobold*, der sich in ihren Schlaf drängte (Bild 34), dann drohte eine große dunkle Figur sie zu verschlingen (Bild 35). Die Stimmung in den Alpträumen wurde noch qualvoller, als *drei Richter erschienen, über ihnen eine noch schrecklichere, anklagende und verdammende Figur auf einem Thron* (Bild 36). Es war *die reine Angst* (Bild 37). Die Braune Frau erwachte mit einem *Schrei* (Bild 38).

Welche Nacht! Ziemlich erschöpft und starr vom überstandenen Schrecken ging die Braune Frau an den Fluß, um sich zu waschen. Als sie dort ankam, was fand sie? Ein *winzig kleines Knäblein. Es wimmerte.* «Oh, mein Gott», dachte sie, «was ist das?» Sie merkte, daß dieses Kind verlassen worden war. «Nein», dachte sie, «nicht ich. *Ich habe doch nicht alles hinter mir gelassen, um nun auf meiner Reise mit so einem Kindlein belastet zu werden. Das ist ungerecht!*» Aber das Kindlein wimmerte immer noch, und sie nahm es in ihre Arme (Bild 39). Nun mußte sie sich entscheiden, was sie mit diesem Kind, das sie gefunden hatte, machen sollte. Am liebsten hätte sie es wieder dorthin gelegt, wo sie es gefunden hatte, so ärgerlich war sie. Sie wollte sich gerade jetzt nicht ein Kindlein aufhalsen, wo doch diese Reise schon gefährlich genug für sie alleine war. Aber, obwohl die Braune Frau mehr als zögernd war, packte sie das Knäblein auf ihren Rücken und setzte ihre Reise fort. Es *hing an ihrem Rücken, wie wenn es ums nackte Leben ginge* (Bild 40).

Dann kam der *Frühling*, und das *Eis schmolz* (Bild 41). Die Braune Frau ruhte sich wieder aus und genoß die warme Luft. Mit der Zeit *wurde die Ente jedoch unruhig*. Sie schlug mit ihren Flügeln und drängte die Braune Frau, den Weg wieder unter die Füße zu nehmen (Bild 42). Aber die Braune Frau hatte noch keine Lust weiterzugehen. Sie wollte weiter ruhen (Bild 43). Wie sie aber so herumschlenderte, kam sie an einen Ort, der merkwürdig beunruhigend war, und sie wollte nicht bleiben, aber auch nicht weitergehen (Bild 44).

Eines Morgens sah sie den kleinen Knaben in einem Hügel graben. Es war gerade dort, wo sie sich am unruhigsten gefühlt hatte und wo sie eigentlich nicht hinschauen wollte. Wie gebannt beobachtete sie, wie er etwas entdeckte, *das wie ein Grab aussah.* Nach einer Weile fand er einen *Totenkopf* (Bild 45). Die Braune Frau schrie auf. Sie wußte, es war der Kopf ihres Vaters. Plötzlich erinnerte sie sich, daß er sie als Kind sexuell mißbraucht hatte. Sie hatte einen *Anfall*, als ihr das Ausmaß dieser Erinnerung bewußt wurde (Bild 46). Dann übermannte sie eine unmäßige *Wut.* Sie warf sich auf den Boden und *schrie und schrie* (Bild 47).

Nachdem ihre Schreie leiser geworden waren und sie sich langsam beruhigt hatte, hörte sie in der Ferne Musik. Sie nahm den Knaben und ging darauf zu. In einer Lichtung sah sie *drei Frauen, welche die Frühlingsriten tanzten.* Sie fühlte sich überwältigt und bereit, sich zu ihnen zu gesellen. Sie begann vor Freude mitzutanzen (Bild 48).

Am nächsten Morgen kam die Ente zur Braunen Frau und sagte: *«Braune Frau, nun ist die Zeit gekommen, dich zu verlassen. Ich bin geheilt und will nun mit den anderen Enten weiter fliegen. Bitte, lasse mich gehen.»* Es schauderte die Braune Frau. Sie hatte nicht gemerkt, wie lieb ihr die Ente geworden war. *«Geh nicht fort, Ente, lasse mich nicht allein»*, sagte

Bild 27 «Die Braune Frau in der Höhle» (26. Jan. 1984)

sie, *«bleib bei mir!»* Aber die Ente sagte: *«Wenn ich bleiben würde, würde ich mich eingekerkert fühlen und krank werden. Bitte lasse mich gehen, sonst sterbe ich.» Zögernd und mit Tränen in den Augen ließ die Braune Frau die Ente fliegen. «Auf Wiedersehen, Ente, und ich danke dir!»* (Bild 49)

Sie verfolgte die Ente mit den Augen, bis diese als Punkt am Horizont verschwunden war. Dann drehte sie sich um, um am Weiher ihr tränenverschmiertes Gesicht zu waschen. Als sie ins Wasser schaute, sah sie eine wunderschöne Blaue Frau (Bild 50). *In diesem Bild erkannte sie sich selbst* und war über die Veränderung höchst erstaunt: *«Wie bin ich nur so ... so klar geworden?»*

Zuerst malte Lynn die schwarze Umrandung der Höhle [Bild 27] ganz leicht. Als ich sie fragte, aus welchem Material dies sei, sagte sie, eine Membran. Aber als sie weiter arbeitete, wurde diese Membran immer stärker und wurde zuletzt zu Stein, zu einer Höhle. Ich fragte Lynn, was die Braune Frau zur Höhle sagte. «Ich gehe», sagte sie. Ich war von der

Bild 28 «Die Braune Frau verläßt die Höhle» (26. Jan. 1984)

Klarheit ihrer Aussage erstaunt. Noch nie hatte sich Lynn so direkt und unmißverständlich ausgedrückt. Ich bat Lynn nun, auf die Antwort der Höhle zu hören. Die Höhle sagte mit viel sentimentaler Erpressung: «Du kannst doch nicht gehen, dann würde ich ganz alleine sein» etc. Die Braune Frau blieb jedoch bei ihrer Entscheidung: «Ich gehe.» Ich zweifelte daran, daß sich Lynn wirklich an diese Entscheidung halten würde.

Im Schlußinterview sagte Lynn. «Welche Veränderung! War das das erste Erscheinen der Braunen Frau? Denn das ist sie deutlich ... Ich erinnere mich an eine spezielle Art von Befriedigung. Etwas an dieser Figur berührt mich. Etwas nicht ganz Entwickeltes, aber sehr starkes. Wie ein starker Fötus, der fortfahren wird, außerhalb der Membrane zu wachsen.»

In Bild 28 aus der gleichen Malstunde kann man die Braune Frau von hinten sehen, was dem Zuschauer anzeigt, daß sie nun die Höhle verläßt und tut, was sie gesagt hat. Man wird an Bild 20 erinnert, wo ein solcher Wendepunkt angesagt, angedeutet, angelegt worden ist. Erst diese Wende ermöglicht es, daß die folgende Geschichte überhaupt stattfindet.

Lynn im Schlußinterview: «Dies ist nicht der Hintern eines Fötus, dies ist ein starker Hier-und-Jetzt-Hintern. Er zeigt mit Sicherheit, daß sie geht.»

Immer noch in derselben Malsitzung malte Lynn eine Landschaft, die zeigt, wohin die Braune Frau geht, nachdem sie die Höhle verlassen hat. Das Bild hat eine Eiszeitatmosphäre, die Lynn schon während des Malens auffiel. Die Landschaft ist deutlicher und detaillierter gemalt als ihre üblichen ruhigen Landschaften, und sie ist ruhiger und organisierter als ihre unruhigen Landschaften. Hier finden wir auch wieder die Metapher von Eis und Schnee, die wir seit Beginn der Therapie kennen.

Lynn erinnerte sich im Schlußinterview gut an dieses Bild: «Das ist die Aussicht von der Höhle, man kann wirklich voraussagen, wie es dort draußen sein wird. Es sieht anders aus als alles Bisherige. Es könnte auf die eine Weise enden oder auf die andere.» Wenn man sich aufmacht, das anzugehen, was lange verborgen war, begibt man sich in Gefahr. Lynns Gefühl, daß ein solcher Aufbruch Leben oder Sterben bedeutet, ist eine harte Wirklichkeit; erfahrungsgemäß kann dieses «Abenteuer» auch in der Klinik oder auf dem Friedhof enden.

Bild 29 «Eiszeit Landschaft» (26. Jan. 1984)

Bild 30 lieferte Lynn einen zähen Kampf, wie immer, wenn Lynn nicht wollte, was das Bild wollte. Als sie merkte, daß ein Vogel über dem Kopf der Braunen Frau entstand, meinte sie sofort, es sei ein Adler. Nur, es ging nicht. Der Vogel sah einfach nie wie ein Adler aus, und Lynn war unheimlich frustriert. Endlich fragte ich sie, wie denn der Vogel, den sie tatsächlich gemalt hatte, aussehen würde. Mit einer irritierten und verlegenen Stimme und Gestik sagte Lynn: «Wie eine Ente!» So schlug ich ihr denn vor, die Ente fertig zu malen. Lynn holte mit einigen wenigen Pinselstrichen die schon im Ansatz vorhandenen Merkmale der Ente heraus und merkte am Schluß, daß sie weiblich und am Kopf verwundet war. Dies berührte Lynn schon zur Zeit der Entstehung des Bildes tief und war nur möglich, weil sich Lynn den Details des Bildes gewidmet, sich ihnen ausgeliefert hatte.

Lynn hatte also die Ente angenommen und sie schätzen gelernt. Sie erinnerte sich im Schlußinterview: «Es hätte ein großer, starker, schwingender Adler sein sollen, und dann wurde es eine Ente. Die Ente hat

Bild 30 «Die Braune Frau trifft die Ente» (31. Jan. 1984)

einen roten Flecken, es erinnert mich an Jäger. Sie wurde angeschossen. Ich habe das rote Auge gern ... es hat etwas sehr Starkes und Entschlossenes, dieses Auge. Du kannst eine gute Ente nicht niederkriegen.» Obwohl sich Lynn hier nicht mehr genau an die Bedeutung der Ente in der Geschichte erinnerte, fiel ihr die Wunde sofort auf. Noch jetzt spürte man, daß sie die Ente liebgewonnen hatte. Die Metapher der Ente wurde in der Geschichte auch dadurch wichtig, daß Enten Zugvögel sind und ihren Weg kennen. Obwohl sie verwundet war, wurde die Ente eine Führerin auf der Reise.

Im nächsten Bild scheint der erste Tag zu Ende zu sein, an dem die Braune Frau die Entscheidung traf, die Höhle zu verlassen, sie auch tatsächlich verließ, dem in die Augen schaute, was auf sie zukam und ihre Reisebegleiterin traf. Sie war müde. In diesem Bild schläft die Braune Frau. Man kann sehen, daß besonders ihr Gesicht sehr sorgfältig und mit feinen Details gemalt ist. Sie ist viel differenzierter.

Bild 31 «Die Braune Frau schläft» (31. Jan./2. Feb. 1984)

Beim Schlußinterview war Lynn erstaunt, daß die Reise bis jetzt so kurz gewesen war: «Ist das die Braune Frau, die sich ausruht? Sie fing schon früh an sich auszuruhen. Ich hatte gemeint, daß sie über Berge und Hügel gegangen war, weiter und weiter. Ich hatte die Idee, daß es endlose Landschaften von Bergen und noch mehr Bergen hatte, bevor sie sich ausruhte. Ich habe das Gefühl, die Braune Frau wird etwas differenzierter im Verlauf der Bilder; jetzt hat sie ein Knie, Ellbogen, Strähnen von Haaren, Auge, Mund, sie ruht aus, aber ihr Kopf scheint aufmerksam zu sein.» Diese Details in Körper und Gesicht zu malen, erlaubten Lynn, den Zustand der Braunen Frau genauer zu erkennen und daher Kontakt mit dem Bild aufzunehmen.

Zur Zeit, als die schlafende Braune Frau entstand, erzählte mir Lynn von einem Erlebnis, das sie während einer Arbeitspause hatte:

> Am Freitag bei der Arbeit legte ich mich auf den Massagetisch, um meine Augenübungen zu machen. Als ich meine Augen hin und her bewegte, wollte sich mein Kopf mitbewegen, hin und her. Dann hatte ich das Gefühl, daß ich

meinen Kopf von jemandem wegbewegte, der seinen Penis in meinen Mund stecken wollte.

Nach dieser Erfahrung bei der Arbeit hatte sie einen Traum in der Nacht, an den sie sich wiederum nicht erinnern konnte. Während des Traumes drang jedoch ein Bild ein, das sie mir dann erzählte:

> Aber es war lustig, plötzlich, in der Mitte des Traumes, war mein Auge, dasjenige, das herausgefallen war, dasjenige, das nicht sehen konnte ... Es öffnete sich, gerade so, und in der Mitte ... wie ein Viereck ... es hatte ein viereckiges Loch im Traum, und es öffnete sich, und ich sah einen Penis. Es hat mich einfach erwischt, es war wie der Verschluß bei einer Kamera, pic!
>
> *Traum 4 (2. Feb. 1984)*

Hier hält das «gelbe Auge» von Traum 3, was es dem gesunden, überarbeiteten Auge versprochen hatte. Es öffnet sich und schaut das an, was es bis jetzt vermieden hat. Dieses Bild ist jetzt da und somit für die Bearbeitung verfügbar.

Aber vergessen wir nicht, daß die Braune Frau immer noch schläft. Wir werden durch diese ruhige Landschaft daran erinnert.

Im Schlußinterview ist sich Lynn klar, daß dieses Bild wiederum nicht

Bild 32 «Ruhige Landschaft» (2. Feb. 1984)

so ruhig ist: «Während sie dort ruht, weiß sie, daß sie durch all das hindurch muß, und das mit nackten Füßen.» Im Nachsatz «mit nackten Füßen» kann man die märtyrerhafte Haltung spüren, mit der sich Lynn später in der Therapie auseinandersetzen wird.

Bild 33 «Unruhige Landschaft» (2. Feb. 1984)

Gegen Ende derselben Stunde malte Lynn ein weiteres, nun weniger ruhiges Bild. Im Schlußinterview erkannte sie das Muster im voraus: «Es fängt an sich zu ändern. Nun nimmt es mich wunder, was nachher kommt; das Wetter ändert sich.»

Lynn malte die fünf folgenden Alptraumbilder in einer einzigen Sitzung, jedes erschreckender als das vorhergegangene, ohne zu unterbrechen oder sich anzuschauen, was sie gemalt hatte. Als ich sie am Ende der Sitzung fragte, ob diese Bilder etwas mit der Braunen Frau zu tun hätten, sagte sie, dies wären die Alpträume der Braunen Frau, die sie gehabt hatte, als sie schlief. Dann wurden die Bilder auf die Seite gelegt. Dieser Kobold (Bild 34) war für Lynn so beängstigend, daß sie das Bild nicht fertig malen konnte. Man kann wieder die «ruhige Landschaft» im Hintergrund sehen, in die der schwarze Kobold eingedrungen war.

Bild 34 «Alptraum 1 – Kobold» (7. Feb. 1984)

Lynn sagte im Schlußinterview: «Ich wette alles, daß ich es haßte, als ich es machte. Ich haßte es und wollte es auf die Seite tun. Aber jetzt hat es etwas, es ist ein Gefühl, daß ich es gern habe. Ich kann sehen, warum es mich so erschreckte, aber es erschreckt mich nicht mehr. Ich glaube, es ist die Gestik, die erschreckt.»

Bild 35, wie alle Alpträume, wurde sehr schnell gemalt, fast ohne hinzuschauen. Lynn verabscheute es und hatte Angst davor, aber es drängte sie, es zu malen; sie hatte das starke Gefühl, daß sie keine Wahl hatte, was sie malen mußte. Während des Schlußinterviews spürte Lynn jedoch immer noch den Terror. Während wir diese Bilder anschauten, wurde Lynn immer aufgeregter: «Ich habe das Gefühl, daß mich dieses Bild ängstigte, und ich kann es immer noch in meinem Bauch spüren, daß mich dieses Bild ängstigte.»

Lynns Schrecken wurde immer größer, während sie Bild 36 malte. Sie empfand die drei Köpfe am unteren Rand des Bildes und eine weitere anklagende, verurteilende Figur in einem Thron darüber als Richter. Etwas Schlimmes fand statt.

Bild 35 «Alptraum 2 – Verschlingende Figur» (7. Feb. 1984)

Indem sie schnell malte und das Gemalte gleich wieder vergaß, indem sie sofort ein neues Blatt Papier verlangte, erlaubte Lynn ihren Monstern aufzutauchen. Das wichtigste ist, daß die Monster gemalt sind; größter Respekt vor solchem schützenden Verhalten ist unerläßlich.

Im Schlußinterview hatte dieses Bild immer noch die volle Wirkung auf Lynn: «Ich habe gar keine Worte dafür. Es hat etwas wirklich Starkes. Ich kann dieses überhaupt nicht verstehen. Ja, oh, es gibt mir nur ein überwältigendes Gefühl.»

Der Zugriff des Alptraums ist in Bild 37 immer noch sehr stark. Lynn war während des Malens dieser Serien von Alpträumen wie in einer Trance.

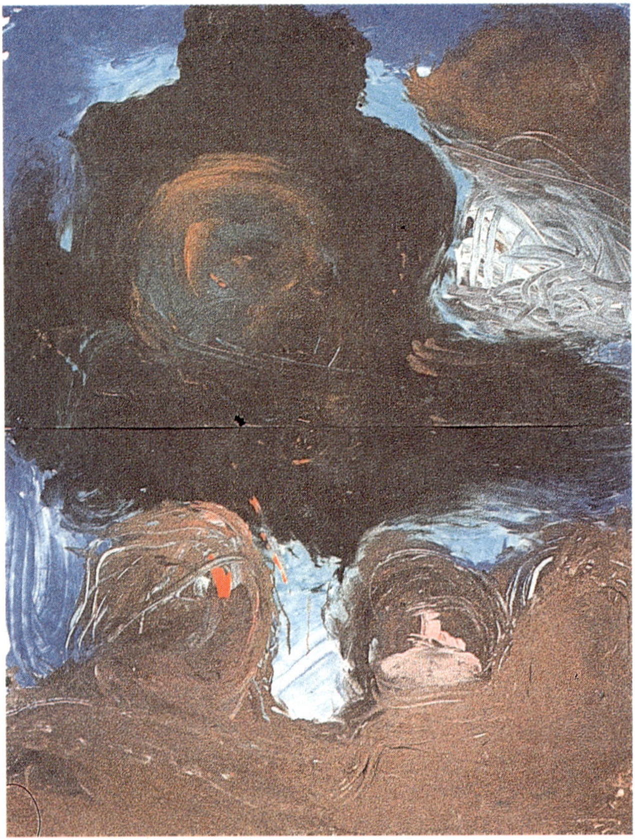

Bild 36 «Alptraum 3 - Die Richter» (7. Feb. 1984)

Sie bat mich, schnell das Papier zu wechseln, bevor sie richtig betrachten konnte, was sie gemalt hatte.

«Dies ist reine Angst», sagte Lynn im Schlußinterview. Und das war es.

Das letzte Bild (38) dieses Malabends zeigt ein Gesicht mit einem offenen Mund und einer roten Form, die eine Zunge und/oder ein Schrei sein könnte. Man wird daran erinnert, daß Lynn sagte, sie könnte Töne und Gerüche malen.

Die Serie der Alpträume ist ein Beispiel für Lynns Verhalten, etwas zu berühren und dann fortzurennen, wie wir es von den «erschreckenden Figuren» kennen. Ein großer Unterschied zu früher ist jedoch, daß sie

Bild 37 «Alptraum 4 - Reine Angst» (7. Feb. 1984)

nun, nach diesen Alpträumen, nicht mehr in die «sicheren» ruhigen Landschaften verfiel.

Lynn sagte im Schlußinterview: «Oh Gott, es wird schlimm und schlimmer. Hier sehe ich wenigstens ein schreiendes Gesicht. Beim anderen Bild [37] konne ich es nicht sagen, es war Terror.»

Als Lynn Bild 39 malte, ging sie durch einen ähnlichen Prozeß wie in Bild 30, als sie die Ente nicht wahrhaben wollte. Obwohl die Braune Frau schnell entstanden war, malte sie lange an der Stelle herum, wo das Kind werden sollte. Nach meiner Intervention (Was hat es da?) begann sie nur sehr zögernd, diesen Ort zu klären und das Kind zu malen. Lynn war

Bild 38 «Alptraum 5 - Schrei» (7. Feb. 1984)

verärgert, als das Kind erschien. Sie hatte es nicht gewollt. Zu allem Übel schlug ich ihr auch noch vor, nicht nur die Frage zu klären, ob es dort etwas hatte, sondern, nachdem das Kind gemalt war, auch noch, ob es ein Mädchen oder ein Knabe sei. Lynn fand das völlig überflüssig und ärgerte sich nicht nur über das Bild, sondern auch über mich ganz gewaltig. Aber sie malte solange weiter, bis klar war, daß das Kind ein Knabe war. Sogar nachdem das Bild fertig war, war Lynn aufgebracht. Sie war tatsächlich so wütend, daß sie der Braunen Frau nicht ins Gesicht schaute. Lynn war hin und her gerissen zwischen dem Wunsch, das Kind wieder wegzumalen, und dem Gefühl, daß es so richtig war. Wir einigten uns, daß sie es so, wie sie es gemalt hatte, nicht auch noch gerne haben müsse. Sie

Bild 39 «Die Braune Frau findet ein Kind» (9. Feb. 1984)

sagte sich: «Warum mußte dieses Bild kommen, warum kann es nicht auch einmal leicht gehen?» Sie hatte einen richtigen Trotzanfall.

Bis zu diesem Punkt verlief das Schlußinterview, mit Ausnahme der sich verändernden Haltung gegenüber den ruhigen Landschaften und den erschreckenden Figuren, so wie ich es mir vorgestellt hatte. Lynn bestätigte die Geschichte der Braunen Frau, so wie auch ich sie beim Malen erlebt hatte. Bis zu diesem Punkt identifizierte sich Lynn mit der Braunen Frau.

Aber Lynn war von den «Alpträumen» schwer erschüttert, und wir beide fühlten uns tief bewegt. Als dieses Bild erschien, identifizierte sich Lynn ganz plötzlich mit dem Kind, das sie damals so abgelehnt hatte.

Lynn brach im Schlußinterview bei diesem Dia in Schluchzen aus und weinte und lachte gleichzeitig. Ihr ganzer Körper wurde geschüttelt: «Oh, welche Veränderung! Jemand hörte es schreien!» Es brauchte eine lange Zeit, bis das Weinen/Lachen sich so beruhigt hatte, daß ich ihr die Geschichte der Braunen Frau bis zu diesem Punkt nochmals erzählen konnte, wie sie damals gemalt worden war. In ihrer Not hatte Lynn vergessen, daß es diese Geschichte überhaupt gab. Die Geschichte beruhigte sie langsam, und das Schluchzen ging in Lachen über, so wie wenn man nach einem überwältigenden Schrecken lacht, wenn es plötzlich vorbei ist. Nun sah sie auch die Braune Frau wieder.

Nach ihrem Ausbruch sagte sie: «Ich sah nur das Kind, ich dachte, *es* hätte diese Alpträume gehabt, und es kam jemand und nahm es auf, endlich war es gerettet. Ich wußte nicht mehr, daß es eine Kontinuität hatte. Ich identifizierte mich völlig mit dem Kind, und es ist gefunden worden! Und es spielt keine Rolle, daß die Mutter zögernd ist, es ist nur von Bedeutung, daß es aufgenommen wurde.»

In einer tiefen, bedeutungsvollen Weise erlebte Lynn ihre Arbeit mit den Bildern als die Rettung des Kindes, das sonst gestorben wäre. Für uns beide wurde in dem Moment klar, daß von Anfang an die Rettung dieses Kindes ihre Aufgabe in der Therapie und beim Malen gewesen war.

Bild 39 hält den Punkt fest, an dem Lynn ihr begrabenes Selbst findet, das sie aufgegeben hatte, was *Harry Guntrip* das «Wahre Selbst» (True Self) nennt. Es scheint mir, daß Lynn erst im Schlußinterview die überragende Wichtigkeit erfaßte, daß sie ihr wahres Selbst gefunden hatte, um es vor dem Sterben zu retten. Darum war sie so tief erschüttert.

Das gefundene Kind war ein Knabe. Dieses Geschlecht gab Lynn etwas Schutz, da Knaben dem Mißbrauch von Vätern, wie ihn Lynn ertragen mußte, nicht in gleicher Weise ausgesetzt sind wie Mädchen. Der heranwachsende Knabe wird verschiedene wichtige Aufgaben in Lynns Reise erfüllen: Er wird das Grab des Vaters aufdecken (Bild 45); er wird die Elefanten herbringen, die das Mädchen ausgraben (Bild 67); und er wird schlußendlich geopfert, um das Mädchen erstehen zu lassen (Bild 70).

Die Tatsache, daß Lynn/die Braune Frau das Kind nicht wieder ins Schilf zurück geworfen hat, heißt nicht, daß sie begonnen hat, es gern zu haben. Es brauchte ein weiteres Bild, in dem die Braune Frau gezwungen

Bild 40 «Die Braune Frau nimmt das Kind mit» (9. Feb. 1984)

wird, sich zu entscheiden, ob sie den Knaben mitnehmen will oder nicht. Hier zeigen beide Gesichter - das der Braunen Frau, wie das des Knaben - grimmige Entschlossenheit. Die Braune Frau ist nur gerade einverstanden, das Kind mitzunehmen, aber nichts weiter. Sie ist immer noch wütend. Der Knabe jedoch muß im Moment noch nicht geliebt sein; mitgenommen zu werden ist ihm jetzt genug, und er hält sich an ihrem Rücken fest.

«Das Kind», sagte Lynn im Schlußinterview, «hält sich fest, als ob es ums nackte Leben gehe. Das tat ich auch. Was immer war, ich hielt mich fest [an dem, was ich hatte].» Lynn blieb bei ihrer Identifikation mit dem Kind, sie erkannte, daß es die Stärke hatte, die sie während ihrer Kindheit am Leben erhielt. Nachdem sie dieses Bild (Bild 40) gesehen hatte, war es ihr möglich, sich abwechselnd mit dem Kindlein und mit der Braunen Frau zu identifizieren.

Bild 41 «Frühling, Wiedergeburt» (13. Feb. 1984)

Nach dem Aufruhr der letzten sieben Bilder war eine Ruhepause nötig. Eine ganze Serie von ruhigen Bildern entstand. Manche (hier nicht gezeigt) waren den ruhigen Landschaften ähnlich, manche waren lebendiger und integrierter wie zum Beispiel Bild 41. Wie immer gaben die ruhigen Bilder Lynn Zeit, sich zurückzuziehen und die inneren Erlebnisse neu zu sortieren, die sich durch den Aufruhr verändert hatten.

Im Schlußinterview erlebte Lynn dieses Bild als hoffnungsvoll, im Gegensatz zu den früher gemalten ruhigen Bildern: «Dies ist wie Frühling, Blumen und Schnee. Es ist wie Wiedergeburt, Erneuerung.»

Bild 42 wurde ganz schnell gemalt. Es zeigt die Ente im Schilf, wie sie mit den Flügeln schlägt. Sie scheint die Braune Frau aufzufordern, die Reise fortzusetzen. Lynn war jedoch zu dieser Zeit mit der Malgruppe nicht glücklich. Ein neues Gruppenmitglied hatte das Gleichgewicht der Gruppe gestört, und Lynn mochte sie nicht. Dieses äußerliche Ereignis

Bild 42 «Die Ente wird unruhig» (16. Feb. 1984)

genügte, um ihre Unwilligkeit, sich zu zeigen, zu rechtfertigen – und ist wiederum ein Beispiel dafür, wie wichtig das gegenseitige Vertrauen in den Malgruppen ist. Erst als die Frau nicht mehr in dieser Gruppe malte, war es Lynn möglich, sich wieder auf die Reise zu begeben.

Im Schlußinterview glaubt Lynn auch, daß dies immer noch dieselbe Ente ist wie in Bild 30: «Ich bin sicher, daß dies etwas mit der anderen Ente zu tun hat. Vielleicht ist die verletzte Ente nun ganz geheilt.» Lynn war von neuem davon überrascht, wie ihre Bilder entstehen: «Ich male hier und dort und überall am Bild, während ich sie mache ... all diese unordentlichen Striche haben nicht viel Bedeutung, während ich sie mache. Plötzlich ... nachher sehe ich nicht ein Durcheinander, es paßt alles zusammen, und ich würde nichts mehr dazu tun.»

Kaum war Bild 42 fertig, begann Lynn ein neues Bild (Bild 45). Man konnte ein rosa Kindergesicht erkennen. Der Rest bestand aus chaotischen Pinselstrichen. Die Zeit war um, bevor sie das Bild klären konnte. In den nächsten zwei Malsitzungen weigerte sie sich, es zu beenden, da das neue Gruppenmitglied sie immer noch verunsicherte.

Bild 43 «Ruhige Landschaft» (16. Feb. 1984)

Nachdem sie ihr unfertiges, chaotisches Bild auf die Seite gelegt hatte, malte Lynn mehrere ruhige Landschaften (z.B. Bild 43), die an frühere erinnerten. Da sich Lynn verunsichert fühlte, griff sie auf ihr altes Verhalten zurück und beruhigte sich damit.

Während des Schlußinterviews betrachtete Lynn diese ruhigen Landschaften, die sie als Strände bezeichnete, und sagte: «Ich will noch nicht gehen. Laß mich noch etwas am Strand liegen. Das Eis ist noch nicht aufgebrochen, aber der Strand ist wärmer.» Hier gebrauchte sie wiederum die Eismetapher, die wir seit dem «Selbstmordbild» (Bild 6) kennen. Sie hatte bemerkt, daß die Umgebung wärmer geworden war, und ahnte, daß ihr eisiger Schutz bald aufbrechen würde.

Bild 44 «Unruhige Landschaft» (21. Feb. 1984)

Erst als Lynn sicher war, daß ich ihren Rhythmus und Widerstand respektieren würde, konnte sie selber nun unruhig werden. Dieser unruhige Sonnenuntergang war typisch für ihr Muster. Wenn ihr bange wurde, zeigte sie diesen aufgewühlten Malstil.

Im Schlußinterview bemerkte Lynn die Bewegung auf etwas Neues hin: «Alles ist in Bewegung.»

Ich hatte dieses unfertige Bild auf die Seite gelegt, fragte Lynn jedoch zu Beginn jeder Sitzung, ob sie es nun fertig malen wolle. An jenem Abend, als sie sich endlich dazu entschloß, war das störende Gruppenmitglied nicht da. Man konnte den Kopf des Kindes in der oberen Hälfte des Bildes erkennen, der Rest war eine Mischung von chaotischen Farbstrichen. Ich fragte Lynn, ob sie darin etwas erkennen könne. Sie nannte eine weiße Form links unten: «Das sieht wie eine weiße Grabblume aus.» Dann begann sie zu arbeiten und klärte das Bild, bis das Kind in ein offenes Grab schaute, in dem ein Totenkopf lag. In dem Moment fand Lynn Kontakt zum Bild und wußte plötzlich, daß es der Schädel ihres Vaters war.

Bild 45 «Kind gräbt Totenkopf aus»
(begonnen am 16. Feb., fertiggestellt am 28. Feb. 1984)

Nachdem Lynn Bild 45 gemalt hatte, bemerkte ich eine deutliche Veränderung in der Gesprächstherapie. Zum erstenmal wurde es Lynn in einem Rollenspiel möglich, ihren Vater direkt anzusprechen. Sie stellte sich vor, sie säße ihm in der Praxis gegenüber und konnte ihren Schrekken und ihre Wut ausdrücken. In dieser Sitzung war es ihr auch zum erstenmal möglich, sich selbst einzugestehen, daß der Inzest tatsächlich stattgefunden hatte, und sie begann auch auszuloten, welche Auswirkungen dieses Erlebnis auf ihr Leben gehabt hatte. Die große, versteckte Angst hatte den verbalen Ausdruck erreicht, und sie konnte darüber sprechen.

Im Schlußinterview war Lynn vorerst von Bild 45 verwirrt. Sie hatte es vergessen und wußte nicht, was sie davon halten sollte: «Ich weiß nicht, was da vor sich geht. Ich sehe einige Gesichter... hat es dort einen Totenschädel?... Ich habe das Gefühl, daß ich es nicht wirklich wissen will. Ich habe eine Ahnung, einen Aufruhr in meinem Magen. Es hat Unruhe dort. Etwas wie Untergehen... mich aus dem Schlamm oder dem Grab ziehen. Aber es hat noch ein anderes Gesicht dort; es sieht wie ein Skelett aus. Ich weiß wirklich nicht, was dort vor sich geht. Es ist fast, wie wenn ein Grab ausgehoben würde.» Nachdem ich ihr erklärt hatte, daß dies tatsächlich das Bild war, in dem das Kind den Schädel ihres Vaters ausgegraben hatte, sagte sie: «Das zu wissen sollte schrecklicher sein; es ist es aber nicht.»

Bild 46 «Die Braune Frau hat einen Anfall» (23. Feb. 1984)

Dies war wiederum ein großes Bild (ca. 125 × 190 cm), von dem Lynn zuerst dachte, daß es Befreiung ausdrücke. Als sie es aber am Ende der Stunde noch einmal betrachtete, war sie sich dessen nicht mehr so sicher und fand dann, daß sein Thema eigentlich eher Verzweiflung sei.

Als Lynn das Bild im Schlußinterview sah, war für sie die Raserei, der Anfall sofort offensichtlich: «Die Braune Frau wieder. Sie sieht fast aus, als ob sie in Trance wäre. Sie hatte dies [den Anfall], als sie sah, daß das Kind das Skelett ausgegraben hatte. Es schüttelt sie, und sie zittert, sie ist betäubt, in einer Trance, überwältigt, ihr ganzer Körper ist steif vor Schütteln.»

Bild 47 «Die Braune Frau wütet / das Kind wird angegriffen» (1. März 1984)

Lynn malte Bild 47 (ebenfalls ca. 125 × 190 cm groß) in etwa zehn Minuten. Sie bezeichnete es als einen Wutanfall der Braunen Frau. Während des Malens wurde sie sich immer deutlicher bewußt, wie rasend wütend sie selber war. Jetzt, wo der Schreck der Entdeckung über den Inzest vorbei war, wurde ihr die volle Einwirkung der Erfahrung bewußt. Zu der Zeit, als sie es malte, meinte sie, die rote Form in der Mitte sei das zweite Bein, das ausgestreckt wäre. Schon damals erschien mir das etwas merkwürdig, aber ihre Gefühle waren in einem solchen Aufruhr, daß ich sie nicht aufforderte, genauer hinzuschauen.

Wichtig war hingegen mein Vertrauen in die genügend große Kraft des Bildes, eine Veränderung zu bewirken. Durch das Bild konnte vermittelt werden, was in Worten hätte verworfen werden müssen. Tatsächlich «wußte» Lynn, was sie gemalt hatte, auch wenn sie es verbal weder ausdrücken noch ertragen konnte.

Daß sie dieses Wissen hatte, wurde im Schlußinterview offensichtlich. Bei diesem Bild identifizierte sich Lynn wieder mit dem Kind, nicht mit der Braunen Frau: «Oh, mein Gott. Dem Kind passiert etwas Schreckliches. Es sieht aus, wie wenn es von einem Kamel zertrampelt würde. Es wird verhöckert. [Lynn bezieht sich auf den Höcker (hump) des Kamels und gleichzeitig auf verhöckert (humped), ein derber Ausdruck für sexuellen Mißbrauch.] Es ist gespenstisch, unheimlich, ich kann es nicht aushalten. Ich bin sicher, daß ich beim Malen nichts gemerkt hatte. Jetzt erlebe ich es so, daß das Kind angegriffen wird. Das rote Ding ist ein Penis. Ich täuschte mich mit dem Bild. Aber es ist furchtbar. Es ist keine Frage für mich, daß das Kind angegriffen wird, es ist phallisch, und es trifft das Kind genau in der Mitte. Das ist ein großer Brocken!»

Drei Jahre später also war Lynn fähig, das zu erkennen, was sie ausgedrückt, aber bisher nicht erkannt hatte. In diesem Bild 47 drückte sie die kinästhetische Empfindung des Inzestes aus. Bis zum Schluß hatte sie, obwohl sie nun vom Inzest wußte, nur ganz wenige und stückhafte Erinnerungen an das Erlebnis. Indem sie Kontakt mit Bild 47 im Schlußinterview herstellte, erreichte das Erlebnis noch eine weitere Stufe der Wirklichkeit.

Bild 48 «Frühlingsriten» (1. März 1984)

Bild 48 wurde in derselben Sitzung gemalt wie Bild 47. Lynn hatte sich beruhigt und verwandte viel Zeit auf die Figuren und Details. Ihre Wahl von verschiedenen Rosa, Grün und Blau war völlig verschieden von den Braun-, Rot- und Schwarztönen des vorhergehenden Bildes. Schon zu jener Zeit nannte sie das Bild «Frühlingsriten». Sie spürte, daß etwas Neues kam. Es ist auch bemerkenswert, daß das Rosa das Schamvolle, Abscheuliche von früher (z. B. Bilder 12 und 22) verloren hat.

Als Lynn die Frühlingsriten malte, hatte ich das Gefühl, daß es um Freude ging, aber es fehlte auch etwas. Ich hatte keinen wirklichen tiefen Ausschnaufer gehört, keine wirkliche Erleichterung beobachtet. Ich bin noch heute nicht sicher, ob tatsächlich etwas gefehlt hatte oder ob *ich* etwas verpaßt hatte. Vielleicht war es etwas früh, sich so zu freuen, und ich befürchtete, daß bange Gefühle noch unausgedrückt geblieben waren. Ähnlich wie in Bild 46 hatten die Tänzerinnen etwas Überzeichnetes an sich, aber Lynn empfand damals nicht so. Dies ist ein weiteres Beispiel dafür, wie der Wunsch der Vater des Gedankens geworden war. Lynn wollte zu sehr, daß die wütenden, rasenden Gefühle vorbei waren, und malte deshalb etwas zu früh, was noch kommen sollte.

Im Schlußinterview zweifelte Lynn auch an der Fröhlichkeit dieses Bildes: «Es war ein starkes Bild, als ich es malte. Ich bin nicht so sicher, ob es ein Freudentanz ist, es hat etwas Frenetisches an sich.» Lynn jedoch empfand dieses Bild tatsächlich als einen Schritt auf dem Weg, ihre Tragödie loszuwerden: «Ich erlebte einen Schrecken. Aber vielleicht ... das was passierte ... es ist schon geschehen ... ich muß es nicht weiterhin erleben.»

In der nächsten Malsitzung war Lynn ruhig. Sie verwendete die ganze Zeit für dieses eine große Bild (49). Die gelbe Form im Himmel war zuerst ein Papierdrachen an einer Schnur, die die Braune Frau in der Hand hielt. Lynn hatte große Mühe, die Form des Drachens zu malen. Bekanntlich hatte sie keine Mühe, irgend etwas zu malen, es sei denn, sie wollte etwas anderes als das Bild (siehe auch Nr. 30). Endlich gab Lynn die Idee des Drachens auf und malte, was sie malen mußte: die Ente an einer Schnur. Dann war Lynn blockiert, wußte aber, daß das Bild noch nicht fertig war. Ich schlug ihr vor, die Ente zu fragen, und sie sagte: «Laß mich gehen, ich bin nun gesund und möchte weiterfliegen. Unsere Wege müssen sich hier trennen.» Dann bat ich Lynn, nun für die Braune Frau zu sprechen. Diese wollte die Ente nicht gehen lassen, sie hatte sie

Bild 49 «Die Braune Frau läßt die Ente fliegen» (6. März 1984)

liebgewonnen und befürchtete, daß sie ohne sie nicht durchkommen würde. Als sich der Dialog zwischen der Ente und der Braunen Frau entwickelte, merkte Lynn, daß sie die Ente gehen lassen mußte, wenn sie sie wirklich liebte und wenn sie wollte, daß sie weiterhin gesund und glücklich bleibe. Langsam, zögernd, übermalte Lynn die Schnur. Wir hatten beide Tränen in den Augen.

In diesem Prozeß *sprach* Lynn nicht nur über das Loslassen. Sie *entfernte tatsächlich* die Schnur, die die Ente zurückhielt. Das eigentliche Übermalen wurde in kleinen Pinselstrichen *gemacht.* Jedes Stück der Schnur wurde nur zögernd hergegeben, und jedesmal wurde das Aufgeben tief empfunden. Durch diesen metaphorischen Akt wurde der Prozeß sichtbar und faßbar, real. «Auf Wiedersehen (good bye), Ente» zu *sagen*, die Tat zu *spüren*, die die Trennung herbeiführte, und die Trennung mit eigenen Augen zu *sehen*, erlaubte Lynn, die Trennung von ihrer Begleiterin auf allen drei Wahrnehmungsebenen (auditiv, kinästhetisch, visuell) zu erleben und sie dadurch zu integrieren.

Im Schlußinterview erkannte Lynn den Gemütszustand dieses Bildes wieder: «Sie läßt den Vogel gehen. Sie ist widerstrebend, sie läßt sie gewissermaßen gehen, aber will es eigentlich nicht. Das gibt mir das

Gefühl, daß ich mich hinsetzen und leise weinen möchte.»

Wieder ist es hier die Aufgabe der Therapeutin, die Patientin zu unterstützen, das Bild ganz fertigzustellen und seine Wirkung nicht durch Trost zu vermindern. Nur so kann wirklich Kontakt damit geschaffen werden.

Bild 50 «Selbst-Portrait II» (8. März 1984)

Lynn hatte nicht im Sinn, ein Selbstportrait zu malen; es entstand einfach. Als es fertig war, störte sie, daß die Augen nicht richtig wirkten. Tatsächlich waren sie in zwei verschiedenen Rottönen gemalt. Lynn probierte auch mit anderen Farben, bis die Malsitzung fast zu Ende war. Als es schon Zeit zum Aufhören war, nahm Lynn einen Pinsel und malte das rechte Auge in demselben Rot wie das linke. Dann seufzte sie tief und sagte, daß es fertig sei. Und das war auch so.

Im Schlußinterview erregte die frische Schönheit und Stärke dieses Bildes Lynn von neuem: «Oh, das liebe ich. Das liebe ich wirklich, das ist ein Selbstportrait. Wie bin ich nur so direkt geworden?»

An diesem Punkt, als wir die ganze Geschichte der Braunen Frau bis zum Ende angeschaut hatten, fragte ich Lynn, welche Gefühle sie dazu hatte. «Ich bin nicht sicher, wie ich mich fühle. Es ist, wie wenn es jetzt berichtigt worden wäre. Ich habe so viele Gefühle. Es ist, wie wenn ich die Erinnerung geboren hätte.»

Tatsächlich könnte man sagen, daß durch die Bearbeitung dieser Bilder die Erinnerungen des Kindes geboren worden wären. Nachdem wir uns so lange auf die Geschichte der Braunen Frau konzentriert hatten, war die Geschichte des Kindes eine Überraschung für mich. Es war mir nie in den Sinn gekommen, daß man die Bilder auch von seinem Standpunkt aus ansehen könnte. So oft ist die Therapeutin mit einer einzigen Geschichte der Patientin blockiert, obwohl es andere hätte, die man auch betrachten könnte. Weil sich Lynn manchmal mit der Braunen Frau, manchmal mit dem Kind identifizierte, fühlte ich mich aufgefordert, die Bilder aufgrund der neuen Information noch einmal zu betrachten. Nach dem Schlußinterview schrieb ich deshalb die neue Geschichte auf und gebrauchte darin wiederum Lynns eigene Worte (*kursiv* gedruckt). Dann zeigte ich sie ihr, und sie änderte einige Ausdrücke. Auch für Lynn war dies überraschend, und noch einmal konnte sie nachspüren, wie wichtig die Rettung des Kindes gewesen war.

Die Geschichte des Kindes

Es war einmal eine Frau. Sie war *müde vom Kinderkriegen.* Sie hatte soeben einen Knaben geboren. Nun saß sie da und weinte. «Wie kann ich für dich sorgen, wenn ich selbst jemanden brauche, der für mich sorgt?» Die Frau beschloß, das Kind auszusetzen. Sie legte es auf ein Bett aus Gras bei einem Fluß, im Schilf versteckt, so daß die wilden Tiere es nicht fressen konnten. «Vielleicht kommt jemand und findet ihn und kümmert sich um ihn», dachte sie und ging.

Nach einer Weile wurde das Kindlein hungrig und durstig, und es begann zu weinen. Aber *niemand war da.* Mit der Zeit weinte sich der Knabe in den Schlaf. Als er schlief, sah er riesige, beängstigende Figuren, die ihn aufzufressen drohten. *Er fürchtete sich unheimlich* und erwachte endlich *schreiend.*

Plötzlich fühlte er sich aufgehoben. Er wurde an eine weiche braune Brust gehalten, und *die Erleichterung, daß er gefunden worden war, überflutete ihn.* «Bitte,

bitte, nimm mich mit», dachte er, «füttere mich und sorge für mich. *Du mußt mich nicht lieb haben, aber bitte, lasse mich nicht hier zurück.»*

Zu seinem Entzücken *nahm ihn die Braune Frau mit.* Sie fütterte ihn und gab ihm zu trinken. Sie war grob und schien *ärgerlich zu sein, aber das spielte keine Rolle. Er war gerettet!*

Wenn sie reisten, *hing er an ihrem Rücken.* Sie *half ihm nicht viel,* aber um so stärker war *seine Entschlossenheit, sich festzuhalten.* Er biß auf die Zähne und ritt mit.

Er hatte auch eine Ente, die ihm gehörte und die er sehr liebte. Wenn sie gingen, flog sie über ihren Köpfen mit, und wenn sie sich ausruhten, saß sie mit ihnen am Feuer.

Einmal, als sie sich ausruhten, sah das Kind einen merkwürdigen Hügel. *Er begann darin zu graben, und nach einer Weile fand er einen Totenschädel.* Das war aufregend, und er zeigte es der Braunen Frau. Diese schien diesen Schädel sehr ernst zu nehmen, ja, *sie hatte sogar einen Anfall, und dann wurde sie unheimlich wütend.* Das erschreckte das Kind, aber dann ging es vorbei.

Plötzlich hörten sie Musik in der Ferne, und sie gingen ihr nach. In einer Waldlichtung fanden sie *drei Frauen, die tanzten.* «Hah», dachte er, «nun scheint es vergnügter zu werden, als es seit langem war.»

Dann *wollte die Ente fortziehen,* und das Kind war traurig. Es hatte die Ente so lieb gehabt, aber die Braune Frau versprach ihm, daß er später ein neues Tier haben dürfe.

Er schaute auf und sah, daß die Braune Frau sich irgendwie verändert hatte. Sie sah so stark und *direkt* aus und so, wie wenn sie ihn nun lieber hätte. Vielleicht *wird jetzt doch noch alles gut.»*

Diese Geschichte ist eine Illustration dessen, was *Harry Guntrip* meint, wenn er sagt: «Es ist eine schwerwiegende Frage, ob schizoider Rückzug und Regression zu Wiedergeburt und Erneuerung oder zum wirklichen Tode führen wird.» (1969) Lynns «wahres Selbst» (Guntrip) war doppelt geschützt: Es wurde zurückgelassen und verborgen - und es wurde in einen Knaben verwandelt. Der wahre Terror für das Kind war die Tatsache, daß beide Arten von Schutz zum Tode führen konnten. Versteckt zu bleiben sowie als Mädchen dem Vater ausgesetzt zu sein, konnten psychische Zerstörung bedeuten. Dies ist einer der Gründe, warum Lynn im Schlußinterview so völlig überwältigt war von den Gefühlen des Schrekkens und der Erleichterung: Das Kind war gefunden, und die Wiedergeburt war möglich geworden. Die imminente Gefahr des Todes war vorbei. Mit der Geschichte der Braunen Frau begann die Suche nach ihrem «wahren Selbst». Jetzt, im letzten Teil der Therapie, hatte sie das Kind gefunden. Im kommenden würde Lynn vor die Aufgabe gestellt werden, auch das Mädchen zu finden.

Nach der Geschichte der Braunen Frau hatten Lynn und ich wieder einmal keine Ahnung, was nun zu erwarten war. Es war schwierig, nach einem solchen Erlebnis etwas Neues aufzugreifen. Vorerst aber veränderten sich Lynns Bilder. Die Landschaften wurden wilder und feiner, die Figuren waren realistischer und gut gemalt. Beide Modalitäten – Landschaften wie Figuren – waren nun integriert, ohne daß sie an Kraft verloren hätten. Lynn arbeitete langsamer, sorgfältiger und detaillierter.

In der Gesprächstherapie konzentrierten wir uns darauf, einige Erinnerungen zu finden, hauptsächlich bearbeiteten wir aber die Auswirkung des Traumas auf Lynns Leben. Ihre neue innere Stabilität ermöglichte ihr, mehr Konflikte mit den Menschen ihrer Umgebung auszuhalten. Viel Zeit in der Therapie war daher auch darauf ausgerichtet, Lynn zu ermutigen, herauszufinden, was sie wollte, und es auch zu sagen.

Ein Teil der Therapie war Traumarbeit. In den zwei Wochen, die dem Ende der Braunen-Frau-Serie folgten, berichtete Lynn zwei Träume, die mit Zerstörung alter Strukturen, Abhängigkeit, Erneuerung und Entdekkung des Selbst zu tun hatten. Dies war der Traum, den sie in die 74. Therapiesitzung mitbrachte:

> Ich kam in eine Stadt. Es war kein Dorf, sondern eine große Stadt. Und irgendwie fuhr ich auf einem Einrad, einem Einrad, obwohl die Straßen und Trottoirs aus Brettern gemacht waren. Und irgendwie war es sehr schön, aber auch sehr deprimierend. Ich dachte im Traum: «Obwohl dies sehr schön ist, wäre es sehr deprimierend, hier leben zu müssen.» Der Ort erinnerte mich an Brünn oder Prag, die Farben, die Art der Blaus. Es war eine sehr schöne Stadt, aber sie erzeugte ein starkes Gefühl von Schwere.
>
> Dann kam ich ins Zentrum der Stadt, und das ganze Zentrum war zerstört. Es sah aus, wie wenn eine große Renovation stattfinden würde, und es hatte überall Geröll und abgebrochene Häuser und einige Zäune, und das war das Zentrum. Und ich stand da und dachte, daß vieles zerstört worden war, in der Hoffnung auf ein schönes Zentrum, das das alte ersetzen würde.
>
> Und dann war da dieses junge Mädchen mit einem Kind in einem Kinderhochstuhl. Und der Rand des Gerölls ging über einen Abgrund, und der Kinderhochstuhl stand ganz am Rand dieses Abgrundes. Es ... es hatte eine Abbruchkugel [wörtlich Abbruchball], und das Mädchen nahm den Ball und schleuderte ihn zum Kind, und das Kind wurde im Mund getroffen, und sein Kopf stülpte sich nach innen [und wieder hinaus], der Ball schwang hin und kam zurück, und das Mädchen sagte: «Aber du mußt deinen Kopf ducken, wenn ich das mache!» Er [der Ball] schlug es [das Kind] in den Mund, und ich hatte erwartet, daß sein Gesicht völlig zerschmettert wäre, aber es war es nicht, und das Kind wimmerte nur etwas, es machte nur einen kleinen Ton und dann ... ich meine, es prote-

stierte nicht einmal, und das Mädchen sagte «du mußt ...», wie wenn es der Fehler des Kindes gewesen wäre, daß es sich nicht geduckt hatte.

Traum 5 (15. März 1984)

Die Atmosphäre im Traum gibt perfekt die Atmosphäre von Lynns psychischem Ort wieder: eine wunderschöne alte Stadt, aber insgesamt ein deprimierender Ort. Das Zentrum, das schön und zugleich häßlich gewesen war, war zerstört und wurde nun renoviert.

Als wir den Traum bearbeiteten, hatte Lynn das Gefühl, daß das, was «sie» abgerissen hatten, wahrscheinlich voller Ratten und wohl kaum erhaltenswert, aber vermutlich auch ganz nett gewesen war. Aber «sie» würden dort auch einen Park mit Bäumen anlegen. Das Einrad scheint eine schwankende, wankende, unsichere Position zu sein, die viel Balancieren erfordert - was zu erwarten ist, wenn soeben das Zentrum zerstört worden ist und die Renovation noch keine Form angenommen hat. Der Kinderhochstuhl am Rand eines Abgrundes ist ein Bild, das uns daran erinnert, daß immer noch eine direkte Gefahr besteht, abzustürzen und zu sterben. Und das junge Mädchen wirft weiterhin den Abbruchball in das Gesicht des Kindes, anstatt ihm, wie das auf einem Hochstuhl zu erwarten wäre, Nahrung zu geben. Lynn fühlt sich zu diesem Zeitpunkt möglicherweise wie ein kleines Kind, das einer grausamen Therapeutin ausgeliefert ist. Sie wirft ihm den Ball zu, aber das wird als Angriff empfunden.

Nur eine Woche später berichtete Lynn den folgenden Traum:

Ich träumte, ich ging in ein altes Opernhaus. Und irgendwie hatte es einen Gang, in welchem ich um eine Ecke und eine große Treppe hinauf gehen mußte. Nun, als ich um die Ecke kam, war meine Mutter dort. Sie kommt selten in meinen Träumen vor. Ich war mit ihr und einer Gruppe von Freunden. Sie war eine Kombination aus der Zeit, als sie jung war, und doch war sie alt und ging am Stock. Es hatte einige Männer dort, und sie flirtete. Ich merke, daß meine Mutter oft geflirtet hatte. Dann waren da diese Stufen zu erklimmen. Sie ist alt und schwer, aber sie stieg diese Stufen mit ihrem Stock ganz schnell hinauf. Und ich versuchte auch hinaufzugehen, und sie waren eisig und glitschig, und ich kam ein Stück hinauf und rutschte dann wieder zurück und versuchte wieder, Scheiße, meine Mutter konnte es, mit ihrem Stock und ihrem invaliden Bein.

Endlich gelangte ich irgendwie nach oben. Ich glaube, ich fand einen anderen Weg. Ich glaube, ich gab die Treppe endlich auf und fand eine Hintertreppe und kam ins Innere, und es hatte einige Leute dort, so wie in einer Kunstgalerie. Es war niemand dort, aber dann war jemand dort, in diesem großen alten Gebäude, mit offenen Räumen und Galerien; und man konnte hinunterschauen ... und es hatte alle Arten von alten Sachen ... aber es war wirklich wie ... es wurde nicht abgerissen, sondern renoviert. Es hatte eine Art Glaskasten, mit Edelsteinen darin. Es hatte niemanden, der sie verkaufte. Sie waren auf Karten [befestigt], und jede Karte hatte mehrere Edelsteine, welche dir gute Schwingungen geben sollten, dir zum klaren Denken verhelfen sollten, mit Wut, Heilen. Es hatte niemanden, der sie verkaufte. So entschloß ich mich, sie einfach zu nehmen.

Traum 6 (22. März 1984)

In diesem Traum fand eine weitere Renovation statt. Diesmal wird das Gebäude nicht abgerissen. Es hat viel Raum und eine Atmosphäre von Luxus. Lynns Mutter erscheint wieder wie im Traum 1. Während sich Lynn dort völlig mit ihrer Mutter identifiziert, ist ihr dies in diesem Traum nicht mehr möglich. Was ihrer Mutter leicht gelingt, ist für Lynn unmöglich, und sie kann nicht denselben Weg gehen. Interessant ist das Eis auf den Stufen, das es Lynn unmöglich macht, die Treppe zu benützen - eine Erinnerung an die eisigen Landschaften der gemalten Bilder. Ein Opernhaus ist im eigentlichen Sinn ein Ort der Kreativität. Lynn findet dort einen Glaskasten mit Edelsteinen, die sie unbedingt will. Der Glaskasten hat dieselbe Form, wenn auch größer, wie die Schachtel, die Lynn in Traum 1 im Abfall zurückließ. Nun steht sie am zentralen Ort. Man kann jetzt sehen, was es in der Schachtel hat, die Edelsteine, aber man weiß nicht, wem sie gehören, und sie sind noch nicht greifbar.

Bild 51 «Integrierte Landschaft» (12. April 1984)

Nach der Serie der Braunen Frau wurden Lynns Bilder anders: Sie arbeitete zwar an allen Themen, die sie schon vorher bearbeitet hatte, aber die primitiven Figuren waren jetzt detailliert, die «Heiligen» farbig, die «bemalten Frauen» differenziert, die Landschaften nicht mehr leer. Die «guten» und «bösen» Bilder hatten sich vermischt und führten zu einem neuen, starken Stil.

In der Landschaft (51) kann man klar die Sorgfalt erkennen, die Lynn in die Verarbeitung steckte. Die Landschaft ist realistischer, trotzdem aber imaginativ, kreativ und expressiv.

Lynn hatte Freude, als sie es im Schlußinterview sah: «Das habe ich gern, das ist interessant, eine Art Kombination von Friede und Sturm. Das kleine gelbe Haus, ein Zufluchtsort vor dem Sturm.»

Bild 52 «Integrierte Figur» (12. April 1984)

Wie die vorhergehende Landschaft ist diese schlafende Figur mit Liebe und Schwung gemalt. Lynn beherrscht nun auch künstlerisch schwierige Aufgaben. Im Schlußinterview kommt Lynns Tendenz, sich unterzubewerten, immer noch zum Vorschein: «Ich bin überrascht, das ist fast gut gezeichnet. Sie schläft gut.»

Lynn benützte die übrige Zeit dieser Saison 1983/84, um ihr Werk, das sie mit der Braunen Frau begonnen hatte, zu stärken und weiterhin die gute und die böse Seite in ein realistischeres Bild zu integrieren.

Bild 53 «Tanzender Kobold» (15. Mai 1984)

Der Kobold war zwar immer noch beängstigend, aber nicht mehr so wie früher. Und zur Zeit der Schlußinterviews machte er gar nicht mehr Angst, im Gegenteil, er wurde geradezu fröhlich. Trotzdem empfand Lynn in diesem Bild das Kommende: «Es macht mir nicht mehr so Angst. Ich habe eine enge Beziehung dazu. Es könnte mein Teil sein, der Wutanfälle hat, der Teil, der Angst hatte, daß ich verrückt werden könnte. Ich fühle diese tiefe Sympathie für ihn, er ängstigt mich. Er scheint fast zu der schlafenden Frau (Bild 52) zu gehören und zu den anderen Kobolden. Wenn die Frau schläft, gehe ich als Kobold um. Er ist der schlafenden Frau entschlüpft, und er würde nicht erscheinen, wenn die Frau nicht schlafen würde. Es gibt mir ein wenig ... Es treibt mir etwas den Schweiß.»

Sogar drei Jahre später, während des Schlußinterviews, wurde es Lynn bang beim Gedanken, daß sie die Kontrolle verlieren und verrückt werden könnte, wenn sie nicht genügend wachsam war. Es war jedoch nicht annähernd so beängstigend wie früher.

Bild 53 war das zweitletzte der Saison. Wie üblich wurde sowohl die Gesprächstherapie als auch das Malen den Sommer über unterbrochen. Der Anfang der folgenden Saison (1984/85) war von fast unüberwindlichen Schwierigkeiten geprägt. Der Einstieg ins Malen wollte nicht gelingen. Viele der Bilder wurden sehr schnell gemalt, übermalt und dann mit dem Gefühl «ich kann nichts mehr daran machen» weggelegt. Wir waren beide frustriert. Obwohl die Bilder, die integriert waren, weiterhin integriert blieben, wollte Lynn nicht weitergehen. Sie pinselte so dahin, malte, was am leichtesten war, und übermalte sofort alles, was sie beunruhigte. Gleichzeitig war sie unruhig und ärgerlich. Diese Situation dauerte vom November 1984 bis Anfang Februar 1985, und es entstand wenig, das im einzelnen für diese Studie wichtig war. Daher sind hier keine Bilder aus dieser Zeit besprochen.

Ich ahnte, daß Lynn etwas Wichtiges vermied. Lynn fühlte sich von mir zu hart gedrängt. Dies wurde in einem Traum offensichtlich, den sie mir in der 90. Therapiesitzung erzählte:

> Ich hatte dieses Baby, ein kleines Mädchen. Dies ist die Traumumgebung: wild, etwas verrückt, und Farben und so ... Jedenfalls, es war in einem Spital, aber es hatte keine Betten. Es hatte keine Betten, wo Leute Babies *bekamen*, es hatte einfach Babies. Und dann war diese Schwester dort. Es war kein gewöhnliches Spital. Es war eine Art Institution. Vielleicht sogar eine für Geisteskranke. Und dann war dort diese Schwester und sie war sehr, sehr adrett und sehr anziehend, sehr, sehr gepflegt und hart. Fast roboterartig, sehr, sehr sauber und adrett, und sie nahm das Baby auf und begann es zu füttern, und sie schob ihm die Flasche in den Mund, sie zwang ihm die Flasche auf, es war schrecklich, weißt du, und sie war grausam, [Tränen kommen] sie war so grausam ... und sie ... und die Flasche brach beim Gummiaufsatz [nipple] ab, im Mund des Babies, und ich fing an zu schreien und rufen, es war, wie wenn es lauter Fachleute dort gehabt hätte. Ich war nicht bereit, mein Kind von dieser Frau berühren zu lassen. [Tränen kommen, viel Emotion] Hm ... es war ... es passierte offensichtlich allen, aber dies war *mein* [Kind], weißt du. *Traum 7 (23. Jan. 1985)*

In diesem Traum wird das Kind immer noch so grausam behandelt wie in Traum 5. Es gibt jedoch auch einige Veränderungen. Das Kind bekommt wirkliche Nahrung, kann sie aber nur mit Mühe essen. Es gibt nun auch ein wütendes Ich, das protestiert und auf der Seite des Kindes steht. Zudem findet die Fütterung nicht mehr am Abgrund des Todes statt, sondern in einer geschützten, wenn auch beängstigenden Umgebung.

Der Eindruck, daß das Ich nun langsam die Führung übernimmt, wird im nächsten Traum noch verstärkt:

> Ich träumte, daß ich in einem Boot im Wasser in der Bucht vor dem Dorf bin, in dem ich aufgewachsen bin. Der Fluß ist wirklich breit dort, und das Wasser wird manchmal sehr wild, und es hat zwei Brechermauern mit je einem Leuchtturm drauf. Es war ein Motorboot, und mein Mann steuerte es. [Lacht] Ich ruderte nicht, aber es ist lustig, daß ich es ihm [meinem Mann] übergab. Dann, zu meiner Linken, hatte ich plötzlich dieses furchtbare Gefühl, daß etwas unmittelbar sehr gefährlich sei. Das Gefühl, das man hat, wenn man fällt. Und da war diese riesige, große und mächtige Flutwelle, aber die Flutwelle war wie ein Bild, wie eines meiner Bilder, eine Kulisse. Es war eher wie etwas, das am hinteren Ende des Flusses niederfiel [backdrop = Kulisse; drop back = niederfallen, zurückfallen]. So kam und ging dieses große, fallende, verzweifelte Gefühl, aber in dem Moment dachte ich: «Warum steuere nicht ich das Boot? Ich sollte das Boot fahren, weil ich den Weg durch diese Wasser kenne.» *Traum 8 (30. Jan. 1985)*

In diesem Traum wurde die mächtige Flutwelle zu einem Bild. Die Gefahr, überschwemmt und verrückt zu werden, war für Lynn gebannt. Es erschreckte sie zwar immer noch sehr, im Traum der Flutwelle zu begegnen, aber der Prozeß war angehalten. Gleichzeitig tauchte das Gefühl auf, daß sie das Boot selber steuern, also mehr Verantwortung übernehmen sollte, um durch diese verzwickten und gefährlichen Wasser zu kommen, die sie so gut kannte.

Es ist überwältigend, wie immer mit Traumbildern, mit welcher Präzision das vermittelt wird, was der Psyche wichtig ist. Es ist auch interessant, daß sogar im Traum durch das Medium des gemalten Bildes eine überwältigende Angst unter Kontrolle gebracht wird.

Im Februar hatte Lynn endlich den Mut, auf ihrem Weg einen Schritt weiterzugehen. Wiederum konnte die Störung in einer stürmischen, unruhigen Landschaft vorausgesehen werden (hier nicht abgebildet). Im Schlußinterview hatte Lynn die gleichen Vorahnungen, wie ich sie zur Zeit der Entstehung des Bildes hatte: «Es ist deutlich, daß sich ein Tornado nähert.»

Bild 54 «Inzest» (9. Feb. 1985)

Lynn brauchte mehrere Bilder, über viele Jahre verteilt, um der Darstellung des eigentlichen Aktes des Inzests immer näher zu kommen. Den ersten Hinweis fanden wir in Bild 3, in welchem die Zunge für den Penis steht; aber Lynn hatte damals noch keine Ahnung, was dieses Bild bedeutete, weder zur Zeit der Entstehung noch später im Schlußinterview. In Bild 13 jedoch malte Lynn den Inzest, konnte aber das Bild nicht integrieren, weil es verfrüht war und daher keinen Einfluß auf ihre Erinnerung hatte. In Bild 47 hatte Lynn Kontakt mit dem subjektiven, kinästhetischen Gefühl des Inzests geschaffen, aber sie hatte den Täter ausgelassen. In Bild 54 stellte sie beide Seiten des Inzests dar: eine große orange Figur mit einer kleineren roten davor. Sogar während des Malens wußte sie, was sie darstellte. Dies war die deutlichste «Erinnerung». Aber wie im Traum die Flutwelle, war es jetzt ein Bild. Sobald sie das Bild aufgezeichnet hatte, konnten sie die Erinnerungen nicht mehr in der gleichen Weise verfolgen. Sie wußte jetzt, daß das erinnerte Ereignis Wirklichkeit war und daß sie nicht verrückt gewesen war. Es folgten keine weiteren Bilder dieses Erlebnisses.

Als Lynn dieses Bild im Schlußinterview sah, wußte sie genau, um was es sich handelte: «Das ist schrecklich. Das ist ein furchtbares [Bild]. Ich weiß nicht, das ist mit meinem Vater verbunden, nur ist es wirklicher als ein Traum, es ist kein Traum, es ist Wirklichkeit. Es ist merkwürdig, ich bekomme so einen Brechreiz, genau in der Tiefe meines Magens. Es ist merkwürdig, wie der Körper reagiert, man hat keine Kontrolle darüber.» Tatsächlich sind solche Körperreaktionen sehr wichtig, weil sie es ermöglichen, eine Erfahrung auch physisch auf einer «hautnahen» Ebene zu machen.

Ein solches Trauma wie Inzest kann nicht leicht aufgegeben werden. Es hatte einen wichtigen Platz in Lynns Leben eingenommen. Nun hatte sie aber das Bild gemalt und damit das Thema des Inzestaktes abgeschlossen. In der weiteren psychischen Arbeit ging es um die Auswirkungen, nicht mehr um das Trauma selbst. Die Versuchung war aber groß, am Trauma, das ihr schließlich wie ein alter Mantel vertraut war, festzuhalten. Als Lynn Altes wiederholen wollte, wurde die Falschheit sofort offensichtlich, und humorvoll, wie Bilder oft sind, präsentierten sie ihr einen Spiegel.

Wie um ihren Wunsch, an der Tragödie festzuhalten, zu illustrieren, malte Lynn in ihrer nächsten Sitzung «Märtyrer» (Bild 55). Obwohl wir in der Therapie über Lynns Neigung, eine Märtyrerin zu sein, zeitweilig gesprochen hatten, war das Bild eine völlige Überraschung für sie. Nachdem sie das Bild fertig gemalt hatte, fragte ich sie, wer die Figuren wären, und sie war verblüfft, daß dies tatsächlich die Märtyrer waren, über die wir gesprochen hatten. In der Gesprächstherapie hatten wir die Märtyrerinnen in ihrer Familie angeschaut (ihre Großmutter war die Märtyrerin Nummer 1, ihre Mutter hielt einen dicht aufgeschlossenen zweiten Platz) und ihren verbissenen Wettbewerb, die zwei in dieser Hinsicht zu schlagen. Lynn haßte das Bild und die Märtyrer. Daß sie ihnen so direkt in die Augen schauen mußte, verpfuschte ihr das Vergnügen, die Märtyrerin weiterhin zu spielen.

Bild 55 «Märtyrer» (12. Feb. 1985)

Zuerst, während des Schlußinterviews, brachte Lynn dieses Bild nicht in Verbindung mit den Märtyrern: «Es sieht so primitiv aus, wie Zauber - die Dreiecke, wie Amulette, wie Voodoo, uralt, schützende Dinge. Zum roten fühle ich mich als Ich verbunden. Der violette ist mein Beschützer.» Als ich ihr sagte, daß dies die Märtyrer seien, war sie verblüfft: «Das wirft mich wirklich um. Du sagst, während all dieser Zeit haben sich diese gespenstischen Kreaturen um mich gekümmert? Denn dies empfinde ich deutlich als beschützend. Es gibt mir das Gefühl, weinen zu wollen.» Dann weinte sie. Genau wie sie die Identifikation von der Braunen Frau zum Baby wechselte, kam sie hier mit der beschützenden Seite der Märtyrer in Kontakt, der wir uns während des Malens nicht bewußt waren. Sie sagte weiter:

Der Rote ist der Baby-Märtyrer, nicht fertig entwickelt. Irgendwann hatte ich eingesehen, daß ich wie eine Märtyrerin handelte, aber ich habe nie begriffen, daß ich eine war. Das hat mir den Atem verschlagen. Ich habe begonnen, solches

Mitleid mit dem Märtyrer zu haben, ich wollte darüber weinen. All die Bemühungen, die sie in den Schutz des kleinen Märtyrers steckte, wurden nicht erkannt.

Wir waren beide tief berührt. Wir merkten, daß wir die exhibitionistische Seite der Märtyrer behandelten und das wirkliche Opfer vernachlässigten, das der violette Märtyrer in dem Bemühen brachte, den kleinen Märtyrer zu schützen. Dieses wirkliche Opfer, meistens als Entsagung von Vergnügen, muß von der wehleidigen Selbstverherrlichung des Märtyrers unterschieden werden.

Bild 56 «Mh-mh-mama-mother-me» (9./11. März 1985)

Anschließend an eine «unruhige» Landschaft, als Vorbote von etwas Großem, begann Lynn Bild 56 zu malen und ließ es in einem eher chaotischen Zustand unfertig für die nächste Sitzung zurück. In dieser Sitzung nahm sie es eher zögernd wieder auf. Als sie das Gefühl hatte, daß das Bild fast fertig sei, lag eine braune Figur dort. Von ihrem Mund ging eine blaue Linie aus, die einer Sprechblase ähnelte. Ich fragte Lynn, was die Figur sage. Sie konnte nicht antworten. Ich fragte sie daher, was für einen Ton die Figur mache. Lynn sagte, es wäre nur ein Summen – «mmhhh . . .» Ich bat sie, das Summen zu einem Wort werden zu lassen. Sie summte dann: «Mmhhh, mmhhh, ma ma, mother, me.» Es war, wie wenn sie damit das Leben von der Geburt bis zum Tod umspannt hätte; vom Kind zur Mutter, zur Frau und zur Tochter, in diesem einen «Gedicht». Tief berührt schrieb sie die Worte in die Sprechblase. Als ich sie fragte, was sie so hatte zögern lassen, um diese Worte zu formen, gab Lynn zu, sofort gewußt zu haben, daß das Wort «Mutter» heiße, daß ihr das aber zu abgedroschen vorgekommen sei.

Zwei Jahre später spürte Lynn immer noch, was sie zur Zeit des Malens gefühlt hatte: «Da ist eine Person, die auf einem Grab sitzt. Geister begraben, Geister, die auferstehen. Von den Gräbern auferstehen. Skelette aus dem Schrank nehmen [Redewendung für «sich zu etwas bekennen»]. Es ist ausgegraben. Sie werden aus der Erde geholt. Aus der Erde holen, was die Märtyrer geschützt hatten. Wie Wiedergeburt.»

Bild 57 «Rosa Frau spielt in Wasserpfütze» (15. März 1986)

In der letzten Sitzung dieser Saison malte Lynn eine rosa Frau, die in einer Wasserpfütze spielte. Lynn war ganz vergnügt, als sie das malte; es erinnerte sie an die Vergnügen ihrer Kindheit und an Spiele im Freien.

Lynn erkannte im Schlußinterview die Leichtigkeit und Verspieltheit wieder. Sie erkannte, daß die Therapie und das Malen in dieser Saison ihre Einstellung sich selbst und dem Leben gegenüber verändert hatten und bezog es auf das Selbstportrait (Bild 50) am Ende der Serie der Braunen Frau: «Das sieht für mich wie ein Selbstportrait aus. Diese [die Selbstportraits] dringen ein und sind wie Überraschungen. Es ist fast, wie wenn ich mich nach einer Auseinandersetzung anschauen würde, ich muß sehen, wie mein Gesicht nach dem Kampf aussieht.»

Bild 58 «Edelsteine drin» (15. März 1986)

Die nächste Saison begann Anfang Dezember 1986. Vom ersten Moment an befand sich Lynn beim Malen in einem großen inneren Aufruhr. Die meisten ihrer Bilder waren unruhige Landschaften, aber sie ließ keine Menschen durchkommen. Manchmal war sie sehr aufgeregt und übertrieb den «Ausdruck». Während dieser Zeit hatte ich das Gefühl, daß wir beide hart arbeiteten, aber oft etwas «daneben». Während des Schlußinterviews hatte sie wenig zu den Bildern dieser Zeit zu sagen, doch das starke Gefühl, daß sie beunruhigend seien. Gegen Ende dieser aufgeregten und unsicheren Zeit entstand Bild 58: Es wurde als eines einer Serie von vier kleineren Bildern (50 × 70 cm) gemalt, die Lynn fast simultan bearbeitete. Sie hatte mich gebeten, alle vier Blätter gleichzeitig aufzuhängen. Sie malte sie schnell, ohne richtig wahrzunehmen, was sie tat, fast atemlos.

Im Schlußinterview spürte Lynn die Unruhe in den Bildern: «Es erinnert mich an den Traum, in dem ich die Edelsteine im Opernhaus gefunden habe. Ich werde zunehmend unruhiger.»

Als wir die weiteren Bilder dieser Phase betrachteten (nicht abgebildet), wurde sie immer unruhiger: «Ich glaube, hier in den letzten Bildern, passiert etwas sehr Persönliches. Ich werde aufgeregt und kribbelig, nicht auf eine schlechte Art, aber sehr intim. Ich weiß nicht, was geschieht.» Später: «Und dieses wirklich intime Gefühl ist immer noch da . . .»

Während wir die folgenden Bilder anschauten, war Lynn richtig erleichtert, als wieder einmal eine ruhige Landschaft auftauchte. Sie hatte vor lauter Unruhe ganz vergessen, wie zweischneidig solche Bilder sein können: «Oh, ein ruhiges Bild, Gottseidank!» Mit dem nächsten Bild aber realisierte sie, daß ihr üblicher Zyklus wieder begonnen hatte: «So, dieses ruhige Ding wendet sich, ich nehme an, daß die ruhige Zeit vorbei ist. Es ist erstaunlich, wie die Wechsel zu sein scheinen, es bewegt sich schnell jetzt.»

Am Tag, bevor das (nicht wiedergegebene) Bild «Nun bewegt es sich schnell» gemalt wurde, hatte Lynn in der Therapie folgenden Traum erzählt:

> Ich flog nicht, aber es war, wie wenn ich über Wasser hinglitte, Wasser, gleitendes Wasser unter mir, wie wenn nicht ich es wäre, die es tut, wie in einem Film. Dann kam ich über flaches Land. Es hatte einen Stein in der Mitte. Der Stein wurde zu einem Möwenei. Und die Möwe war dort. Wie vergrößert, der Stein war voll von Jellybeans [kleine, farbige, eiförmige Lutschbonbonbs].
>
> *Traum 9 (14. März 1986)*

Die Traumlandschaft erinnerte an die Bilder der ruhigen Landschaften. Was als Stein erscheint, ist ein Ei, und das wiederum voll von kleinen, farbigen, süßen Eiern. Das Traumbild ruft auch die Edelsteine aus Traum 7 (im Opernhaus) und Bild 58 in Erinnerung, sowie Bild 68.

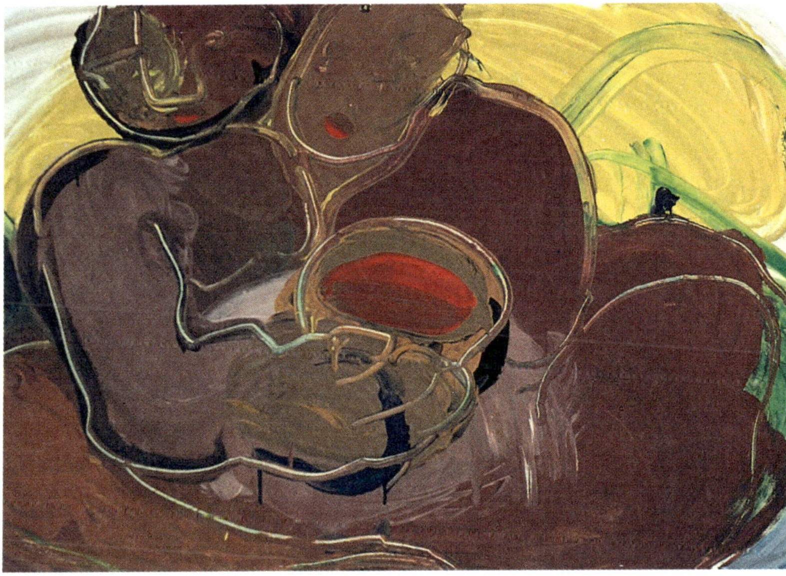

Bild 59 «Fraulichkeit» (21. März 1986)

Wann immer Lynns Angst zu bedrohlich wurde, erschien eine Braune Frau in ihren Bildern, wie wenn die Braune Frau ihr versichern wollte, daß alles in Ordnung sei. In diesem Bild sind zwei Braune Frauen, was wieder an Jungs Konzept erinnert, daß die Verdoppelung einen differenzierteren Zugang zu einem Komplex erlaubt.

Dies war auch das erste Bild in der unruhigen Zeit am Ende der Saison 1985/86, bei dem sich Lynn wohl fühlte. Die Erscheinung der Braunen Frau, auch wenn sie nicht so benannt wurde, war beruhigend und ermutigend für Lynn. Das Bild entstand zehn Tage nach dem Stein-zu-Ei-Traum. Lynn erinnerte sich im Schlußinterview nicht an diesen Traum, und trotzdem sagte sie: «Ich habe das Gefühl, diese letzten Bilder sind eine Entdeckung meiner selbst. Es scheint, sie haben mit Schoß und Eiern zu tun. Die Entdeckung meiner Fraulichkeit, es könnte auch einfach Persönlichkeit sein, aber ich glaube, es ist mehr Fraulichkeit.»

Bild 60 «Häßliches Bild – Wüste» (24. März 1986)

Während dieser Zeit war Lynn oft verzweifelt, weil nichts «richtig» wurde. Die Bilder schienen ihr häßlich, und das machte sie unglücklich. Ich bat sie, die Bilder noch häßlicher zu machen und dazu ihre Hände zu gebrauchen. Lynn füllte ihre Hände mit Farbe und schmierte sie auf das Papier. Während des Malens bekam sie Freude am Schmieren, und schließlich mochte sie die Bilder sogar. Dieses Vergnügen hatte sie nicht erwartet, und weil sie sich nicht mehr darauf versteifte, die Bilder schön malen zu müssen, fühlte sie sich plötzlich frei, einfach zu malen, wie sie wollte.

Lynn hatte im nachhinein das Gefühl, daß in diesem Bild mehr lag als nur das Überwinden einer Blockierung: «Häßliche Bilder – es sieht wie eine Wüste aus. Ich dachte, sie wären häßlich, aber ich finde sie schön ... nicht schön ... ich habe es gern. Es sieht sinnlich aus. Das ist das erste Mal, daß ich dieses Wort sage, das ist so wichtig. Wenn ich jetzt an häßliche Bilder denke, denke ich daran, daß sie sinnlich sind. Das ist es, was sie waren, sinnliche Bilder. Dann, warum nenne ich sie häßlich? Das ist merkwürdig. War sinnlich häßlich für mich?»

Lynn war sich nun klar bewußt, daß sie in diesen Bildern an tiefen Inhalten arbeitete, an ihrer Sinnlichkeit und Fraulichkeit, die durch das Inzesttrauma unterbrochen, verzerrt und verdrängt worden waren.

Ich sprach mit einer Psychiaterin, eckig, dünn, abrupt. Wir sprachen über das Lesen von Fahrplänen. Dann ging ich in einem Dorf eine Straße hinunter, und es hatte orientalische Kinder. Und es hatte ein kleines Mädchen, das die Straße hinunterging, wie ich. Ich machte mir Sorgen um sie, aber ich beschloß, daß sie ungefährdet sei. Dann war ich etwas verloren und kam zu fremdartigen Häusern. Es war ein Kunsthaus.

Traum 10 (25. März 1986)

Lynn hatte diesen Traum in der Nacht, nachdem sie das häßliche, sinnliche Bild 60 gemalt hatte. Es scheint, daß die Erlaubnis, sinnlich zu sein, Angst und Erregung auslöste. Um mit dem Prozeß weiterzumachen, brauchte sie etwas Versicherung vom Traum, daß nichts passieren kann.

Erst als sie im Traum die Versicherung erhalten hatte, daß nichts passieren würde, konnte sie mit dem Prozeß weitermachen.

Bild 61 «Adler» (29. März 1986)

Als dieses Mal ein Vogel auf dem Bild erscheint, ist es wirklich ein Adler – ein Vogel, der ausgezeichnet sieht, der präzise ist und schnell. Im Schlußinterview sagt Lynn: «Er sieht wie ein Vorbote aus für Dinge, die da kommen, oder Dinge der Vergangenheit. Wie wenn er sagen würde: ‹Vergiß mich nicht!› Ich habe das Gefühl, daß ich ihn seit langem nicht mehr gesehen habe; er setzt zur Landung an.»

Bild 62 «Eskimo-Mädchen» (29. März 1986)

In diesem Bild nimmt Lynn wieder das Thema des Eskimomädchens auf, das seinen Vater sucht. Wir erinnern uns an diese Geschichte, auf die sie schon in Bild 1 «Heulende Wölfe» hingewiesen hatte. Es bringt die eisigen Ebenen ihrer frühen, ruhigen Landschaften zurück. Nun aber ist die Landschaft belebt, und die Figur ist nicht beängstigend.

Im Schlußinterview spürt Lynn die neue Kraft der Metapher: «Es erinnert mich an Bilder draußen auf dem Eis. Ich denke daran, daß ich nicht ertrinken würde, weil ich schwimmen kann, es ist eine Verbindung zwischen Tod und Überleben. Sie [das Mädchen] wußte, wie zu überleben sei. Sie war nicht gewillt, sich ins Eis zu setzen, sie wollte mit den Wölfen leben und überleben.»

Bild 63 sieht denen ähnlich, die Lynn am Anfang dieser Saison gemalt hatte. Es hat daher den Anschein, daß Lynn den Schritt, der sich in ihrem Traum angekündigt hatte, nun vollzog. Sie trat mit älteren, chaotischen Orten in Berührung. Obwohl sie von ihrem Traum die Versicherung erhalten hatte, daß nichts passieren würde, hatte sie große Angst. Alte Ängste, in einen Abgrund und ins Chaos zu fallen oder im Eis zu sterben, wurden in ihr aufgewühlt.

Bild 63 «Unruhige Landschaft» (1. April 1986)

Im Schlußinterview weiß sie, daß sich Unruhen vorbereiten: «Oh, meine Liebe, da kommen Schwierigkeiten. Es erinnert mich ans Ausgraben des Totenkopfes. Wie wenn eine Ausgrabung im Gange wäre.»

In dieser spannungsgeladenen Zeit, in der Lynn die Notwendigkeit spürte, den nächsten Schritt zu wagen, aber immer noch zögerte, wurde sie mit diesem humorvollen Bild (64) beschenkt. Die Jungfrau Maria sitzt in einer spanischen Tapasbar, mit einem Bier vor sich. Das Bier ist mit einem X markiert (X = Zensur). Maria sagt: «Danke, das habe ich gebraucht.»

Nach dem Bild der Jungfrau Maria erschien die Braune Frau wieder in den zwei nächsten Bildern von Lynn (hier nicht abgebildet). Im Schlußinterview erkannte Lynn, daß sie jetzt weniger braun, weniger primitiv aussieht und sie mit ihrem Baby glücklich ist. Mit der Erfahrung dieser Versicherung war Lynn nun bereit, den nächsten Schritt anzugehen. Es begann mit der üblichen unruhigen Landschaft. Im Schlußinterview sagte sie von dieser Landschaft: «Ich habe das Bild gern, aber es macht mich etwas kribbelig. Der Taifun kocht.»

Bild 64 «Jungfrau Maria in einer Tapasbar» (5. April 1986)

Typischerweise berichtete Lynn während dieser Zeit von zwei Träumen, in denen geographische Grenzen vorkamen. Im ersten Traum (erzählt am 10. Apr. 1986) hatte sie einen von zwei passenden Ohrringen verloren und mußte ihn heimlich von der anderen Seite der Grenze holen. Den zweiten Traum erzählte mir Lynn in der Therapiesitzung am Tag vor der Malstunde (am 25. Apr. 1986): Auf der anderen Seite der Grenze war ein wundervolles, reiches Gutshaus. Lynns Seite war schlammig, aber dafür wuchsen dort viel mehr vierblättrige Kleeblätter. In beiden Träumen rang sie mit der Vorstellung, daß das, was schön war, nicht ihres sein konnte, daß aber etwas Wertvolles und Glückliches da ist, das wirklich ihr gehört.

Zuerst sah Bild 65 wie eine unruhige Landschaft aus. Aber ganz am Ende, mit einigen schnellen, kleinen Pinselstrichen, malte Lynn einen Zug von Tieren, die von weit her aus der Ferne kommen. Diese Gruppe von Tieren wird von einem Elefanten angeführt; die anderen Tiere sind nicht erkennbar. Das Auftauchen der Tier erregte und erfreute sie sehr.

Bild 65 «Kommender Tierzug» (26. Apr. 1986)

Ausschnitt aus Bild 65

Als Lynn an diesem Bild arbeitete, erzählte sie einen kleinen Traum, den sie während des Mittagsschlafes am Vortag hatte und der so eindrücklich war, daß sie ihn sofort mitteilen wollte. Noch nie zuvor hatte sie während des Malens von einem Traum berichtet:

> Ich ging in eine Bar meines Heimatortes. Ich bestellte ein Bier. Es hatte einige schattenhafte Leute zu meiner Linken und einen Eßraum zu meiner Rechten. Ich sagte zum Barkeeper: «Gib mir die Rechnungen (Schulden) von D.P. [Monogramm ihres Vaters].» Er nimmt eine lange, schmale Schuhschachtel her-

vor. Sie ist voller farbiger Zettel, die genau hineinpassen, und sie ist gestoßen voll. Er blättert sie durch und nimmt eine Rechnung von «150» hervor. Ich weiß nicht, in welcher Währung, es könnte irgend eine Dezimalstelle sein. Ich nehme an, daß es $ 1.50 ist, und gebe dem Barkeeper soviel. Ich fand, der Betrag, den er schuldete, sei nicht sehr hoch, es hätte viel mehr sein müssen. Dann sagte ich zum Barkeeper: «Vergiß nicht, ihm zu sagen, daß die Schuld bezahlt ist, wenn er das nächste Mal kommt.»

Traum 11 (26. April 1986)

Wir müssen uns daran erinnern, daß Lynn im Schlußinterview keine Erinnerung an die folgenden Bilder hatte, außer das vage Gefühl, daß es ein wichtiges Bild mit einem Elefanten gebe. Während des Schlußinterviews jedoch erlebte sie die Bilder der Saison 1985/86, die zu diesem Punkt führten, als beunruhigend. Sie hatte das Gefühl, daß sie mit ihrer Fraulichkeit und Sinnlichkeit zu tun hätten. Da sie sich nicht auf ihre Erinnerung stützen konnte, muß etwas in den Bildern selbst gewesen sein, das diese Gefühle in ihr auslöste.

Im Schlußinterview erinnerte sich Lynn nicht mehr an ihre Erregung, die sie während des Malens des «Tierzuges» gespürt hatte, und zählte eigentlich nur auf, was sie sah: «Es sieht wie ein Wald aus, etwas steht hier, es steht hier und schaut auf etwas in der Ferne. Nicht besonders klar, ein merkwürdiges Gefühl.» Was sie jedoch spürte, wie immer während des Schlußinterviews, war das «merkwürdige Gefühl», das «Kribbeln», wenn etwas in ihr hochkam.

Bild 66 «Knabe auf Elefant» (26. Apr. 1986)

Das Bild, das unmittelbar auf Nr. 65 folgte, sieht wie eine Nahaufnahme der gleichen Szene aus. Wie immer war dies ohne Absicht geschehen. Der führende Elefant trägt einen braunen Knaben. Da der Kopf des

Knaben keinen Platz mehr hatte, schlug ich ihr vor, ein weiteres Stück Papier oben anzuhängen. Lynn aber wollte das in diesem Bild durchaus nicht.

Im Schlußinterview merkte Lynn, was los war: «Da hat es einen kleinen Knaben auf dem Elefanten. Ah, das ist also jetzt aus der Nähe.» Und da sie mich nach all diesen Jahren gut kannte, sagte sie noch: «Ich frage mich, warum du mir nicht vorgeschlagen hast, oben noch ein Papier anzuhängen.» Als ich sagte, daß ich genau das vorgeschlagen hätte, lachte sie und fuhr weiter: «Ich bin dieser braune Knabe und habe völlige Kontrolle über die Tiere, ich brachte sie hierher.» Genauso wie das Baby hatte gefunden werden müssen, um seine Aufgabe zu erfüllen, den Totenschädel auszugraben, so mußten die Elefanten hergebracht werden, um ihre spezielle Aufgabe zu lösen.

Bild 67 «Elefanten graben Mädchen aus» (29. Apr. 1986)

In diesem Bild der folgenden Malstunde wurden die Elefanten schnell gemalt, aber sie hatten keine Füße. Obwohl gerade dort etwas zu liegen schien, das die Tiere betrachteten, wollte Lynn wieder kein Papier anhängen. Dieses Mal konfrontierte ich mehr, Lynn war etwas weniger zögernd. Wir hängten unten ein halbes Blatt an, und natürlich lag etwas sehr Wichtiges dort: Lynn malte zuerst die Füße der Elefanten fertig, dann bemerkte sie auch, daß die Elefanten auf etwas in ihrer Mitte schauten. Ich bat Lynn, einfach eine Farbe zu nehmen und ihre Hand malen zu lassen. Dabei entstand die Figur eines Mädchens, in gelber Farbe gemalt. Ich fragte Lynn, was typisch sei für Elefanten. Sie sagte: «Elefanten vergessen nicht.» Sie hatten nicht vergessen, wo das Mädchen im Schnee begraben lag, und konnten daher Lynn an den Ort führen, wo es ausgegraben werden mußte.

Das Bild machte einen großen Eindruck auf Lynn, als sie es im Schlußinterview wieder sah, obwohl sie sich nicht erinnerte, um was es gegangen war: «Elefanten vergessen nie. Es erinnert mich an andere Ausgrabungen, den Totenkopf ausgraben, die Edelsteine ausgraben. Ist das Kind tot oder lebendig? Ich kann es nicht sagen. Oh, ich erinnere mich jetzt, hier hast du Papier angesetzt. Ein unschuldiger Knabe kam einfach und brachte die Tiere. Es ist, wie wenn ich meine Knabenzeit (Knabenhaftigkeit) verloren hätte. Ein Knabe zu sein hat etwas Geschütztes, Sicheres. Ich weiß nicht, ob dies eine Entdeckung ist, eine Geburt, ein Tod; die Gelbheit erinnert mich an Gold, was mit dir begraben wird, wenn du stirbst.» Lynn begann zu weinen. «Der Knabe in mir war fähig, alle die Monster zu beherrschen. Es beunruhigt mich, den Knaben zu verlieren. Dies ist deutlich ein Mädchen.»

Sowohl zur Zeit der Entstehung des Bildes wie im Schlußinterview verband Lynn das Finden des Mädchens mit dem Finden ihrer Weiblichkeit. Das Mädchen hatte tief begraben werden müssen, um beschützt zu sein. Knaben werden von ihren Vätern nicht auf dieselbe Art verletzt; sie sind nicht in derselben Gefahr. Aber um wieder ein Mädchen zu sein, mußte Lynn den Knaben aufgeben, einen Knaben wie der, den die Braune Frau im Fluß gefunden hatte, der den Totenkopf des Vaters ausgegraben und die Elefanten hergebracht hatte.

Bild 68 «Frau von Alligator geboren» (17./20. Mai 1986)

Bild 68 war nicht leicht für Lynn. Sie wußte lange nicht, was zu wem gehörte. Arme wuchsen aus unlogischen Stellen, Farben veränderten sich, obwohl doch alles hätte grün sein müssen; merkwürdige kleine Wölbungen wollten nicht weggehen. Endlich jedoch bekam alles einen Sinn, als Lynn realisierte, daß es ein Alligator war, der ein Nest mit drei goldenen Eiern bewachte und im Begriff war, eine rosa Frau zu gebären.

Im Schlußinterview anerkannte Lynn dieses Bild noch nicht ganz: «Dies ist die Art von Bild, wo ich mich wie ein Narr fühle ... es bringt mich in Verlegenheit, wenn ich an Alligatoren mit Frauen drin denke.»

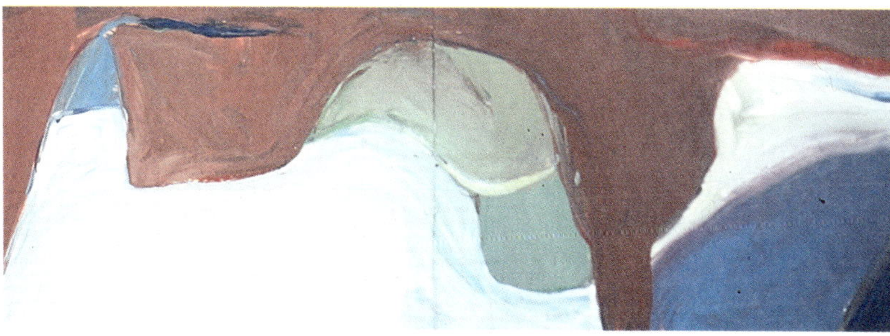

Bild 69 «Ort des Opferns» (22. Mai 1986)

Dieses Bild, das zu Beginn der nächsten Malsitzung gemacht wurde, war sofort auf dem Papier, aber dann arbeitete Lynn hart an den Details. Vor allem ein roter Fleck auf dem rechten, roten Fels beunruhigte sie. Nach einigen Versuchen, in denen sie das Rot übermalte und dann wieder herstellte, merkte sie, daß dies ein Fels war, auf dem Opfer dargebracht werden. Es hatte Blut darauf. Ein langer schwieriger Pfad führte hinauf. Sie wußte zu dieser Zeit noch nicht, was geopfert worden war.

Beim Schlußinterview hatte Lynn keine Erinnerung mehr daran, wie schwierig dieses Bild für sie damals gewesen war. Sie dachte, es sei «etwas Einfaches». Es schien mir, daß sie weniger Ahnungen hatte, wovon die Bilder handelten, je näher wir dem tatsächlichen Datum kamen, je «jünger» die Bilder wurden.

Das letzte Bild dieser Saison (70) war wieder groß, aus vier Blättern zusammengesetzt. Auf der linken Seite befindet sich die blaue Frau, auf der rechten Seite ein Mädchen. Diese Szene ist wieder eine Nahaufnahme des vorhergehenden Bildes.

Bild 70 «Hervortreten des Mädchens» (29. Mai 1986)

Im Schlußinterview zog Lynn eine Verbindung zwischen diesem Mädchen, dem gelben Mädchen und dem Knaben der Braunen Frau. Diese Verbindung wurde ihr sehr wichtig: «Als erstes kommt mir in den Sinn, daß das Mädchen als Frau akzeptiert wurde. Der Knabe ohne Kopf wurde geopfert. [Lynn weint.] Ich habe Mitgefühl mit dem Knaben, vielleicht will ich um ihn trauern. Sie haben ihn kastriert. Aber irgendwie ist es das Bild, das hier ist, das sich durchsetzt. Ich glaube, so ist es, so sind Opfer. Das Mädchen sitzt dort in der Hocke; die rosa Linie ist der Penis, der entfernt wurde. Das war das Opfer. Sie sitzt dort auf ihrem eigenen Hügel, und sie [die blaue Frau] ist die Priesterin. Sie wirkt, wie wenn sie leuchtet.»

Das ist Lynns wirkliches Opfer – ihren Schutz, den sie im Bild des Knaben gefunden hatte, loszulassen. Dafür mußte der Knabe sterben und zum Mädchen werden, zu dem, was neu und nun lebendig ist. Ein solches Opfer ist immer mit großer Trauer und Ehrfurcht verbunden.

Ich möchte hier darauf aufmerksam machen, daß ich diese Bilder nicht als Kastrationsphantasie im Freudschen Sinn verstehe. Ich bin der Überzeugung, daß es sich um ältere, ungleich tiefere Verletzungen und Wandlungen handelt.

Lynn begann die neue Saison 1986/87 ohne große Schwierigkeiten. Ihre Bilder waren durch einen lebendigen Stil gekennzeichnet, und sie hatte keine Angst mehr vor alten Bildern. Sie malte farbige Figuren, welche beängstigende Elemente aufwiesen, ohne davon abgeschreckt zu werden. Sie malte Landschaften mit Wind und Bewegung und eine Serie von «Lebenden Steinen», kaktusartige Strukturen, welche am Boden festgewachsen, aber innerlich lebendig waren. Diese Figuren griffen auch auf Urformen bildnerischen Gestaltens zurück. Es war eine weitere Zeit der Integration dessen, was sie in der letzten Saison bearbeitet hatte. Gegen Ende der jetzigen kamen wieder einige Bilder, die ich als Teil der Bearbeitung ihres Traumes betrachtete.

Bild 71 «Walfisch» (24. Feb. 1987)

Dieses Bild zeigt einen wasserspeienden Walfisch. Im Schlußinterview stellte Lynn diese Verbindung her: «Das ist der Wal/Aufschrei!» (siehe Bild 1; whale = Walfisch und wail = Aufschrei werden in Englisch gleich ausgesprochen). Sie hatte das Gefühl, daß der Prozeß nun den vollen Kreis gegangen war.

Bild 72 «Vater» (3. März 1987)

Dieses Bild von Lynns Vater ist ihr unversehens entschlüpft. Plötzlich war er da, und Lynn war gleichzeitig verwirrt und berührt. Sie fand, daß das Bild ihm genau gleiche. Während sie an diesem Bild arbeitete, sagte mir Lynn: «Heute hatte ich beim Schwimmen die Phantasie, daß ich mein Herz ausweinte, während ich auf Vaters Grab saß. Ich roch die Gerüche und spürte den Boden.»

Daß sie ihren Vater so realistisch malen und um ihn trauern konnte, zeigt die Integration und die Heilung des Traumas an. Die Tatsache, daß das Bild des Vaters auftaucht, wenn ihre Bilder schnell und dick sind, weist auf einen Rest von Angst hin. Im Schlußinterview wiederholte sie nur: «Vater». Dann war sie still.

Nach einem verlängerten Wochenende in ihrem früheren Heimatort kam sie zur Gesprächssitzung zurück (4. Mai 1987) und erzählte: «Ich habe ein ganz neues Gefühl, nicht ein Hoch, etwas hat sich in den letzten Wochen verändert, ich fühle mich so viel besser, wenn ich in meinem Heimatort bin. Eine Last ist weg, so als ob ich es berühren könnte.» Als ich sie fragte, seit wann dies so sei, sagte sie: «Seit wir die Bilder angeschaut haben.» Dann fuhr sie fort: «Ich hatte nicht mehr das Gefühl, auf das Grab meines Vaters pissen zu wollen, ich mußte nicht mehr mit meinem Bruder streiten, all das Vermeiden meiner Familie war nicht mehr nötig.»

Bild 73 ist das letzte Bild, das Lynn in meinem Atelier malte. Lynns Mal- und Therapiesitzungen endeten vorzeitig im Juni 1987. Wir wollten eigentlich im Oktober weitermachen, aber im Herbst 1987 mußte ich gezwungenermaßen in die Schweiz zurückkehren. Im Frühling dieses Jahres konnten wir noch nicht ahnen, daß wir im Juni unsere letzte Stunde zusammen hatten.

Bild 73 «Frau in Landschaft» (2. Juni 1987)

In diesem Bild sind viele Farben - man kann eine rosa Frau in einem blauen Kleid in einer Wiese voll Blumen erkennen. Dieses Bild war nicht im Schlußinterview enthalten; wenn man aber daran zurückdenkt, was das Malen von Menschen am Anfang für Lynn bedeutet hatte, ist die Veränderung offensichtlich. Die Frau ist aufgetaucht, um in einer lebendigen Landschaft zu leben.

Am Ende des Schlußinterviews sagte Lynn: «Ich habe das Gefühl, daß nach und nach eine Last von mir abfiel. Immer drückte mich die Last all dieser Erinnerungen nieder, immer mußte ich sie auf die Seite schieben ... diese Erfahrung kontrollieren ... sie war immer da. Ich fühle mich erleichtert und habe das Gefühl, daß ich nun Energie und Freiheit habe, um zu anderen Dingen überzugehen. Das gab mir eine Grundlage, von der aus ich klar sein kann. Ich hatte ein sehr großes Geheimnis. Jetzt kann ich direkter sein mit den Leuten. Etwas in meinem Körper hat Jahr um Jahr auf die Erinnerungen gedrückt. Es schafft auch den Platz zum Malen. Es ist schwierig, Einzelheiten herauszuheben, aber das Resultat ist, daß ich selbstsicherer bin. Ich habe das Gefühl, daß ich besser zu mir schaue; ich habe immer noch Schwierigkeiten damit, aber ich glaube, ich kann besser für mich sorgen.»

Lynn hatte mit dem Inzesttrauma Frieden geschlossen und ihre Weiblichkeit wiedergefunden. Die Figuren in ihren Bildern waren nun sorgfältig gemalt, farbig und lebendig, völlig anders als die früheren beängstigenden Figuren. Auch in ihrem eigenen Aussehen hatte sie sich verändert. Sie achtete besser auf ihr Äußeres, und ihr ganzes Verhalten war freudvoller.

Die Wirkung des Schlußinterviews hatte mich völlig überrascht. Die konzentrierte Zusammenfassung hatte Lynn einen Überblick gegeben, der ihr erlaubte, ihre Geschichte mit eigenen Bildern neu zu erschaffen, eine Geschichte, die ihren Schmerz erklärte. Wie *Donald Sandner* sagt: *«Menschen können eine ungeheure Menge von begründetem Leiden ertragen; was sie nicht akzeptieren können, ist Leiden, das keinen Sinn hat. Damit Leiden ertragen und akzeptiert werden kann, muß ihm eine Bedeutung, ein Sinn gegeben werden.»* (1979)

Die Mal- und Gesprächstherapie endet hier, nicht aber Lynns Leben. Um dem zu begegnen, was sich ihr dort bietet, steht ihr ein stärkeres, vollständigeres Selbst zur Verfügung.

Die Arbeit mit Lynn hat unser beider Leben tief berührt. Lynns Mut und Ausdauer hatten ihr erlaubt, das zu tun, was sie am meisten fürchtete: Sie hatte jemandem Zutritt zu diesem einsamsten aller Orte gewährt, zum versteckten, abgespaltenen Selbst. Zusammen haben wir dem Entsetzen ins Auge geschaut. Danke, Lynn.

8. Arbeiten am Bild

Der Kontakt mit dem Bild ist die wesentliche Voraussetzung für eine Wandlung. Das Bild berühren und sich vom Bild berühren lassen ist immer wieder der Sinn des Malens. Natürlich spielt sich die maltherapeutische Arbeit nicht nur in der Arbeit mit dem Bild ab. Ich unterscheide, etwas vereinfacht, drei Ebenen:

a) Durch die *Arbeit am Bild* wird das Wesentliche des Sinnbildes verstärkt.

b) Bei der *Arbeit am Prozeß* steht das Erstellen des Bildes im Mittelpunkt, eine Parallele zu der Art und Weise, wie das Leben bewältigt wird.

c) Die *Arbeit an der Beziehung* ist die Zusammenarbeit mit der Maltherapeutin. Beziehungsmuster aus dem Alltag können erfahren und aufgearbeitet werden.

In jeder Situation findet die maltherapeutische Arbeit auf allen drei Ebenen statt. Im folgenden dritten Teil möchte ich mich aber auf die Arbeit am Bild und auf den Widerstand konzentrieren - dabei möchte ich vor allem auf meine Perspektive als Maltherapeutin eingehen und einige theoretische Gesichtspunkte herausheben. Diese basieren einerseits auf den Beobachtungen von Lynn und deren Bearbeitungen, andererseits greife ich auf Erfahrungen zurück, die ich seit 1965 mit Hunderten von malenden Kindern und Erwachsenen gemacht habe und auf Supervisionsfälle, die ich mit meinen SchülerInnen bearbeitet habe. In der Bearbeitung dieser Malprozesse wurde mir deutlich, daß es sich in der Maltherapie immer um eine Dreierbeziehung - Malende, Bild, Therapeutin - handelt. Das Bild stellt der Malenden eine Aufgabe, gibt ihr gewissermaßen einen Impuls. Dieser Impuls kann verschieden intensiv sein und führt zur gegenseitigen Interaktion, zur Zusammenarbeit zwischen der Malenden, ihrem Bild und der Maltherapeutin. Man kann die Impulse des Bildes und die Reaktion der Malenden und der Maltherapeutin in fünf Stufen darstellen.

Zusammenarbeit

Bild	Malende	Maltherapeutin
1. Führung	Hingabe	Begleiten
2. Aufforderung	Mut	Unterstützen
3. Entgegnung	Entscheidung	Klären
4. Neuerung	Kontakt	Konfrontieren
5. Wandlung	Wandlung	Fürsorge

Während die Bildimpulse stetig fließen (sofern man regelmäßig malt und die Bilder ernstnimmt), blockieren die Therapeutin und die Malende oft den Ablauf der permanten Wandlung.

Blockierung

Malende	Maltherapeutin
1. Bequemlichkeit	Ungeduld, Rituale
2. Vorurteile	Theorien, Regeln
3. Willen	Druck
4. Angst	Interpretation
5. Verharren	Resignation

Im folgenden möchte ich die fünf Stufen genauer beschreiben, ihre Erscheinungsformen an den Beispielen aus der Zusammenarbeit von Lynn und mir aufzeigen und meine Interventionen erläutern.

Führung - Hingabe - Begleiten

Bilder führen die Malenden. Schon bei den ersten Pinselstrichen drängen sie sich aufs Papier, und den Malenden kommen Bilder in den Sinn, an die sie nie gedacht hätten. Sie glauben dann, sie hätten gar keine Wahl, was gemalt werden soll.

Nachdem Lynn an einem Abend schon von mehreren Bildern «geführt» worden war, rief sie ärgerlich aus: «Gib mir diesmal ein leeres Blatt! » [Also keines, auf dem das neue Bild schon angelegt ist.]

Lynn wurde gleich zu Beginn vom Bild zu ihrer zentralen Geschichte geführt. «Heulende Wölfe» (S. 42) konnte in dieser Vielschichtigkeit und Bedeutung nur gemalt werden, weil Lynn keine Ahnung hatte, auf was sie sich da einließ. In ihrer Anfangsnaivität gab sie sich diesem Bild ganz hin, und weder sie noch ich hatten eine Ahnung, daß dieses Bild die Spitze des Eisberges war, mit dem wir uns die nächsten sieben Jahre beschäftigen würden.

Bilder führen immer zum zentralen Thema. Wenn man sich ihnen anvertraut, fordern sie nie Übermäßiges, gehen nie den direkten Weg, zeigen uns immer wieder neue Aspekte, und bringen uns behutsam zu neuen Einsichten. Sich ihrer Führung zu überlassen, sich einerseits dem Bild hinzugeben und andererseits das Bild und die Malende darin zu begleiten, ist an sich für die Wandlung genügend.

Begleiten ist die wichtigste «Intervention» der Maltherapeutin. Begleiten heißt dabeizusein und mitzugehen, wo immer das Bild die Malende hinführt. *Es ist das Sein, nicht das Tun, was die vermutlich schwerste Aufgabe der Maltherapeutin ist.* Wirkliches Dabeisein und Seinlassen führen unweigerlich zu Wandlung.

Blockierung der Malenden: Bequemlichkeit

Leider sind häufig weder die Malenden noch die MaltherapeutInnen ohne weiteres fähig, sich dem Bild ohne Widerstand hinzugeben. Eine erste Stufe des Widerstandes äußert sich oft als Bequemlichkeit.

Lynn war selten bequem und konnte sich meistens von ihren Bildern führen lassen. Nur in der Zeit, in der sie sich vom neuen Gruppenmitglied gestört fühlte, blieb sie bei ihren leicht und ohne inneren Widerstand gemalten, schönen Bildern, wie z.B. «Frühling, Wiedergeburt» (S. 92). Durch «Die Ente wird unruhig» (S. 93) wurde sie auf ihre Bequemlichkeit aufmerksam gemacht.

Im Malatelier begegne ich der Bequemlichkeit, die sich manchmal auch als «Dummheit» äußert, sehr oft. Sie zeigt sich in abgedroschenen Sätzen wie: «Das genügt schon so. Man sieht ja, was ich meine. Das stimmt so für mich. Ich kann es nicht besser. Ich verstehe nicht, was du meinst. Jetzt ist es noch zu früh.»

Oft führen die Malenden an, daß sie das «technisch» nicht könnten, daß sie kein Talent hätten, es nie gelernt hätten, leider zu wenig Malstunden gehabt hätten, daß sie in ihrem Leben niemand beim Malen unterstützt hätte – und was der Lamenti mehr sind. Dann frage ich: «Wie vermutest du, wirst du es lernen?» Die Antwort ist: natürlich nur durch Risiko und Übung, genau in diesem Moment.

Blockierung der Maltherapeutin: Ungeduld

In der Maltherapeutin stellt sich daraufhin sehr oft das Gegenstück zur Bequemlichkeit ein - die Ungeduld. Anstatt solche Ausweichmanöver weiterhin zu begleiten, fühlt sie sich gedrängt, einzugreifen, vorzugreifen, den Malprozeß zu beschleunigen. Die Spannung des Nichtstuns, des Seinlassens ist fast unerträglich. Dabei vergißt man, daß nicht die Maltherapeutin ungeduldig sein müßte, sondern die Malende. Die Therapeutin nimmt der Malenden in diesem Fall die Ungeduld ab und hilft ihr dadurch, der eigentlichen Aufgabe durch Bequemlichkeit auszuweichen. Merkt sie es, tut sie gut daran, die Seite der Bequemlichkeit zu übernehmen und damit der Malenden die Ungeduld zuzuschieben. Dazu müßte sie aber zur eigenen Bequemlichkeit ja sagen können.

Übungen und Aufgaben

Ungeduld versteckt sich auch hinter «Einführungsritualen» und Strategien zu Beginn einer Malsitzung: Malen mit Musik, Meditation vor dem Malen, Einstiegs- und Aufwärmübungen aller Art, Aufgabestellungen, inhaltliche oder prozeßorientierte Themen. Diese Aufforderungen sind ein Resultat von Ungeduld und bewirken in den Malenden Bequemlichkeit. Die TherapeutInnen werden aktiv und kreativ, die Malenden verharren in einer Konsumhaltung. Es ist Ungeduld, die die Begleitung in Nichtwissen, Zögern, Leere, alte Ängste oder Befürchtungen überspringen möchte. Begleiten heißt, dorthin zu gehen, wo die Malenden sind, auch wenn das «Begleiten im Nichtmalen» bedeutet. Meines Erachtens wird einer der wichtigsten Momente der Maltherapie mit solchen Einführungsritualen verpaßt.

Aufforderung - Mut - Unterstützen

Vom Bild kommen immer wieder Aufforderungen, sich mit etwas Neuem, Merkwürdigem zu beschäftigen. Das anzunehmen braucht Mut von den Malenden. Wenn plötzlich ein menschlicher Arm aus einem Alligator herausragt («Frau von Alligator geboren», S. 128), braucht es Mut, diesen Arm nicht zu übermalen und abzuwarten, was sich daraus entwickelt.

Für die Maltherapeutin stellt sich deshalb die Aufgabe, mehr als lediglich zu begleiten. Sie muß das Bild unterstützen. Dies ist nur möglich, wenn die Maltherapeutin das Vertrauen hat, daß Bilder «richtig» sind.

Vertrauen braucht die Maltherapeutin vor allem dann, wenn sie selber unsicher und gespannt ist, wenn sie keine Ahnung hat, worum es im Bild geht. Sie kann sich ganz einfach auf den Inhalt des Bildes verlassen, oder sogar nur auf seine Formen und Farben, denn oft entstehen diese vor dem Inhalt (Bild 45, S. 96, «Kind gräbt Totenkopf aus» und Bild 56, S. 115, «Mh-mh-ma-ma-Mutter-ich»). In beiden Bildern hatte es besondere, auffällige Formen und bestimmte Farben, als Lynn nicht weiter wußte. Indem ich a priori an die Richtigkeit dieser Elemente glaubte – also daran, daß diese am richtigen Ort, in der richtigen Form und Farbe waren –, konnte ich das Bild unterstützen.

Die Richtigkeit des Bildes hat meistens nichts mit der «So-stimmt-es-für-mich-Haltung» der Malenden zu tun; oft sind solche richtigen Bilder wie Brosamen im Bett: Sie kratzen und sind unbequem. Die Malenden wollen das Unlogische dann auch gleich übermalen. Meine Interventionen tendieren dahin, dieses Übermalen zu verzögern. Es ist dann ratsam, langsam zu malen, an anderen Orten als an diesem heiklen Punkt zu arbeiten, dem unlogischen Element eine Chance zu geben. Oft paßt am Schluß plötzlich alles zusammen.

Blockierung der Malenden: Vorurteile

Um der Aufforderung des Bildes zu folgen, braucht es also Mut von den Malenden und Unterstützung von der Maltherapeutin. Oft sind die Malenden aber auf Vorurteile und auf ihre Ideale fixiert: Warm ist besser als kalt, schön besser als häßlich, weich besser als hart, harmonisch besser als getrennt, ungewöhnlich besser als banal. Und – man muß vor allem immer das Bessere machen! Durch Angelerntes werden Ansichten darüber, was zusammenpaßt, logisch, akzeptabel, wünschenswert und förderlich ist, zu Regeln gemacht. Das Resultat solcher internalisierten Vorurteile ist eine ernste Beschränkung des Wahrnehmungs- und Erfahrungsbereiches. Wenn man auf dieses innere Geschwätz hört und ihm gehorcht, muß man verzweifeln, denn oft sind die Gebote widersprüchlich. Das Bild hat keine solchen Ideale oder Tugenden im Sinn. Es ist so, wie es ist. Wenn die Blockierung an diesem Punkt auftaucht, hat sie mit der Abhängigkeit von Regeln und Auffassungen zu tun, wie sie auf beiden Seiten bestehen kann. Einige Beispiele:

Wiederkehrende Bilder sind keine Seltenheit. Ein Bild taucht nämlich solange in ähnlicher Form auf, wie es will. Bei Lynn kamen zum Beispiel die Landschaften in ähnlicher Form immer wieder. Ebenfalls tauchte das Phänomen der verschiedenen Augen in ihren Figuren immer wieder auf: gleich zu Beginn in der «Schlammfigur» (S. 47), dann im Traum 3 (S. 72) und in den Bildern 37 und 38 aus der «Alptraumserie» (S. 87 und 88).

Kaum erkennen Malende ihre Bilder wieder, hören sie die bekannte Stimme: «Du bist phantasielos.» «Kommt dir nichts anderes in den Sinn?» Oder sie «langweilen» sich. «Das habe ich doch schon einmal gemalt», stöhnen sie auf. Wenn auch die Malleiterin der Auffassung ist, daß sich immer wieder etwas Neues ereignen müßte, werden wichtige Bilder unterdrückt.

Beharrlichkeit macht es möglich, ein schwieriges und hartnäckiges Anliegen anzugehen und zu bewältigen.

Merkwürdigerweise können die Malenden nicht weitermalen, bevor sie nicht das gemalt haben, was das Bild fordert. Es kommt ihnen einfach nichts anderes in den Sinn. Wenn die Malenden sich mit Vorurteilen blockieren und darum nicht weiterwissen, ist es wichtig, das Bild zu unterstützen und ihnen zum Beispiel zu helfen, einen Ort im Bild zu finden, an dem etwas auffällig ist, also den Pinsel zu nehmen und dort ins Detail zu gehen. Dann nimmt der Prozeß seinen Lauf. «Nicht denken, malen», sage ich oft, denn man kann sich nicht wirklich vorstellen, wie etwas auf dem Bild aussieht, es muß ganz einfach gemalt werden. Ist der Fluß einmal ins Fließen gekommen, braucht man ihn nicht mehr zu stoßen. Die Maltherapeutin wird dann nur noch beobachten und begleiten: das Bild oft anschauen, feststellen, was sich darauf verändert, und die Bewegungen der Malenden genau verfolgen.

Weitere Vorurteile äußern sich in Kritik. Manchmal sind die Malenden unglücklich über ihre Bilder, nichts von dem, was sie malen, gefällt ihnen, und sie machen sich Vorwürfe. Diese Vorwürfe sind meistens herabsetzende Kritiken ihrer selbst und Auswüchse unreflektiert übernommener Ansichten. Deshalb sage ich ihnen, sie sollen es noch häßlicher machen, wenn sie mir erklären, das Bild sei häßlich. Ich unterstütze damit ihre eigene Wahrnehmung. Oft sind sie dann so schockiert, daß ich sie daran erinnern muß, daß sie dieses Bild ohnehin fortwerfen würden, daß sie sich deshalb wenigstens damit vergnügen könnten, das Gemalte verschwinden zu lassen. Meist schlage ich vor, das «mißlungene» Bild mit den Händen zu übermalen. Diese Technik hat zwei Vorteile: 1. Mit den Händen aufgetragene Farbe ist so dick, daß das vorher Gemalte sicher darunter verschwindet. 2. Die Distanz zum Bild wird verringert (kein Pinsel zwischen Händen und Papier), und die taktilen Sinne werden «eingeschaltet». Das kinästhetische System unterstützt nun das visuelle und ermöglicht neue, vergnüglichere Informationen über das Erlebnis mit dem Bild. Oft wird der Malprozeß dann so wichtig, daß das Bild eine neue Chance bekommt, und meist gefällt es sogar am Schluß. («Häßliches Bild - Wüste», S. 120)

Bei jeder Intervention gehe ich davon aus, daß das Bild recht hat. Ich verstärke und unterstütze deshalb das, was es will. In Tausenden von Bildern habe ich beobachtet, daß im Moment, in dem die Malenden ihre eigenen Ideen aufgeben und den Vorschlag des Bildes annehmen, das Malen ganz leicht geht. Als Lynn in Bild 30, S. 80 («Die Braune Frau trifft die Ente») bereit war, die Idee aufzugeben, daß ein Adler besser sei als eine Ente, konnte das Bild ganz schnell fertiggestellt werden. Der tiefere Sinn, den man sich bis dahin nicht hatte vorstellen können, kommt dann zum Ausdruck. Erst als die Ente gemalt war, konnte Lynn der Wunde am Kopf der Ente gewahr werden, die quasi ohne ihr Zutun entstanden war. Gerade diese Wunde berührte Lynn zutiefst, gab dem Bild den eigentlichen Sinn und wurde für die kommende Geschichte besonders wichtig. Nun war es hier nicht irgendeine sondern eine ganz bestimmte Ente, die in der Geschichte eine spezielle Funktion hatte und deren Sinn erweiterte und vertiefte. Erst im Moment, als die Wunde gemalt und erkannt worden war, konnte Lynn wirklichen Kontakt mit dem Bild haben.

Abstraktionen, Symbole, Allegorien

Zu solchen Regeln, Vorurteilen und Theorien gehört auch das Malen von Abstraktionen (Verallgemeinerungen), Symbolen (Zeichen) und Allegorien (rational faßbare Darstellung eines abstrakten Begriffs in einem Bild). Solche Symbole sind ausgedachte Illustrationen für Tätigkeiten. Es wird ein roter Kreis und ein blaues Viereck gemalt und verschiedene Linien dazwischen, die die Beziehung zwischen der Malenden und ihrem Partner darstellen sollen. Es werden runde Formen in Goldgelb, Orange und Braun gemalt, damit ich denken soll, die Malende sei eine harmonische, warme Person. Es wird eine Welle gemalt als Symbol für die aufgewühlte Lebenssituation. Alle diese Symbole sind lediglich Widerstände gegen Bilder. Wirkliche Bilder stehen nie für etwas anderes, sie sind so, wie sie sind, in sich genügend und gültig. Sicher gibt es archetypische Symbole, die immer wieder vorkommen, weil sie allgemeingültig sind. Wenn sie aber als wirklich eigenes Bild auftauchen, entstehen sie zögernd, gegen viel Widerstand und in einer ganz persönlichen Form. Jedes Festhalten an bildnerisch oder ideell festgelegten Formen verhindert die eigene Wandlung.

Als Lynn das Bild 45, S. 96 («Kind gräbt Totenkopf aus»), malte, wollte sie nicht «Die Suche» oder «Vater» oder «Tod» malen. Sie begann sich mit meiner Unterstützung mühsam im Chaos des Bildes zu orientieren und *fand* das Bild, das dann die Erinnerungen auslöste und ihr erlaubte, sich daraus ihre Geschichte zusammenzusetzen.

Fehler

Bilder kommen oft nicht so heraus, wie sie geplant waren. Es geht manchmal einfach nicht. Das Gemalte wird dann als *Fehler* empfunden, und Fehler sind immer ärgerlich. Die meisten fürchten sie und sind auch gewohnt, mit schlechten Noten dafür bestraft zu werden. Es braucht daher eine gewisse Zeit, bis den Malenden der große Wert der Fehler bewußt wird. Für die Maltherapeutin sind Fehler jedoch gute Freunde, auf die sie sich verlassen kann und die sie unterstützt.

Fehler werden nur als solche empfunden, wenn die Malende nicht im Kontakt mit dem Bild ist. Nur so lange, wie Lynn am Ideal des Adlers, Symbol der Kraft und des Edlen, das sie so dringend wollte, festhielt, sah ihr Vogel falsch aus und war sie irritiert. In dem Moment, als sie aufhörte, den Vogel zu einem Adler machen zu wollen, und *schaute*, wie er wirklich aussah, *erkannte* sie die verwundete Ente und konnte sie mit ein paar einfachen Pinselstrichen fertigmalen.

Wenn die Malende versucht, ihren Willen gegen denjenigen des Bildes durchzusetzen, können auch ganz einfache Bilder nicht gemalt werden. Sogar Lynn, die malerisch so begabt ist, machte Fehler beim Malen eines einfachen Papierdrachens, in Bild 49, S. 101 («Die Braune Frau läßt die Ente fliegen»). Erst als sie ihre vorgefaßte Meinung aufgab, konnte das eigentliche Bild auftauchen. Die Maltherapeutin muß mit den Malenden die Vorurteile herausarbeiten, damit die Malenden bewußt untersuchen können, ob das Urteil in diesem Fall oder überhaupt gültig ist.

«Wenn man nur einen Hammer hat, betrachtet man alles als einen Nagel», sagt *Ken Wilbur.* Diese Gefahr besteht auch, wenn man die Bilder und den Malprozeß von einem bestimmten psychologischen oder philosophischen Gesichtspunkt aus betrachtet. In seinem Buch über die neue Physik schreibt *F.A. Wolf*, daß man *W. Heisenbergs* Prinzip der Unschärfe mit dem Satz zusammenfassen könnte: Beobachten heißt stören. Im weiteren erläutert er, daß es keine andere Realität gibt als das Jetzt. D.h., jeder Versuch, die Jetzt-Beobachtungen in einen kausalen, mechanischen oder historischen Ablauf zu bringen und sie damit zu erklären, muß in die Irre führen. «Widerspreche ich mir selber? Also gut, dann widerspreche ich mir, ich bin weit, ich enthalte eine Vielheit.» *(Walt Whitman)*

Was heißt das für die Maltherapie? Wir finden, was wir suchen, wir sehen, was wir denken. Wenn wir eine analytische, kausale Auffassung des Lebens haben, werden wir kausale Zusammenhänge zwischen Ereignissen entdecken und sie für wahr halten. Wenn wir humanistische Grundauffassungen haben, werden wir andere Aha-Erlebnisse haben. Um leben zu können, müssen wir solche Grundansichten haben. Menschen brauchen Geschichten. Wichtig dabei ist nur, immer zu wissen, daß sie nicht stimmen, daß es auch anders sein könnte. Wir müssen die Tür für das Unerwartete, Unerklärbare offenhalten.

Farbsymbolik

Eine solche typische, beschränkende Auffassung ist der Glaube an die Farbsymbolik. Es gibt populäre Theorien, nach denen gewisse Farben gewisse Gemütszustände bedeuten: Rot ist Wut, Schwarz Trauer oder Depression etc. Verschiedene Theorien unterscheiden sich in den einzelnen Zuschreibungen. Weitere Farbtheorien stammen aus der Esoterik und der Anthroposophie. Vorurteile in bezug auf die emotionale Bedeutung von Farben beeinträchtigen die Fähigkeit der Maltherapeutin für Beobachtung und Einfühlung empfindlich.

Ich habe nie feststellen können, daß Leute übereinstimmend gewisse Farben für gewisse Gefühle benutzen, noch daß gewisse Farben regelmäßig gewisse Gefühle ausdrücken. Eher scheint es mir, daß Farben sehr persönlich gebraucht werden. Tatsächlich war eines der traurigsten Bilder, das ich kenne, vorwiegend in Rosa. Es ist viel üblicher, daß die

Malenden ihre Farben in bezug auf das Bildthema wählen: Das Gras ist grün, der Himmel blau, der Baumstamm braun. Diese Farben werden durch die Ereignisse im Bild verändert: In der heißen Sonne wird das Gras gelb, wenn ein Gewitter aufzieht, wird der Himmel grauschwarz, wenn eine Birke gemalt wird, ist der Stamm weiß. Die Farbe beleuchtet daher die Metapher des Bildes und hilft es klären.

Farben haben ganz persönliche Bedeutungen, die nicht verallgemeinert werden dürfen und die sich auch immer wieder verändern. Meistens wird Rosa als Ausdruck von Kindlichkeit, auch Kindischsein angesehen. Für Lynn war es zu Beginn der Therapie eine der erschreckendsten Farben, eine, die strikt zu vermeiden war. Rosa bedeutete für sie «angemalte (leichte) Frauen». Es stand für die verabscheute Hure in ihrem geteilten Selbstbild.

Als ich Kindergärtnerinnen unterrichtete, sagten mir einige, daß sie keine schwarze Farbe gäben, damit die Kinder nicht so traurige Bilder malten. Der Unsinn einer solchen Haltung ist offensichtlich. Man malt ja gerade, um auch schwierigen Gefühlen Ausdruck zu geben. Sollte Schwarz tatsächlich einmal Trauer ausdrücken, ist es besser, wenn das Bild gemalt ist, als wenn das Kind seine Trauer in sich herumträgt. Meine eigenen Beobachtungen gehen eher dahin, daß Schwarz in den Kinderbildern gebraucht wurde, um etwas Starkes, Eigenes darzustellen. Zweck des Malens ist, daß im Bild Gefühle Platz finden, und zwar alle, nicht nur diejenigen, die von der Kindergärtnerin ertragen werden können.

Entgegnung – Entscheidung – Klären

Mit dem Bild zu arbeiten heißt, seine Geschichte herauszufinden. Aber wie wissen wir, was das Bild von uns will? Die Malende hat vielleicht eine Idee, die sie malen möchte, dann, während des Malens, kommt plötzlich diese oder jene Stelle anders heraus, als sie gedacht war. Während sie das Bild bis zu diesem Moment bestimmt hat, macht das nun plötzlich nicht mehr mit, und die Malende steht vor der Entscheidung, ihren Willen durchzusetzen oder sich vom Bild leiten zu lassen. Dies sind Momente, in denen das Bild uns Neues entgegnet, wofür oder wogegen sich die Malenden entscheiden können.

Um den Malenden die Entscheidung zu verdeutlichen und zu erleichtern, kann die Maltherapeutin Fragen stellen, die die Situation im Bild klären. Die eigene Neugier wird die Maltherapeutin zu den relevanten Fragen führen. Da die Maltherapeutin in erster Linie am Bild interessiert ist (und nicht an seiner Bedeutung oder an der Malenden), versucht sie undeutliche Stellen im Bild zu klären. Wie kommt man auf diesen Felsen? Welches Ereignis führte diese Menschen zusammen? Ist das Baby ein Bub oder ein Mädchen? («Die Braune Frau findet ein Baby», S. 89) Solche Fragen beziehen sich ganz auf das Bild und schaffen Raum für unerwartete Lösungen.

Nach dem Begleiten und Unterstützen ist das Klären die erste Intervention, die, zusammen mit dem Bild, der Malenden etwas anderes, Fremdes entgegensetzt. *Das Begleiten geht ganz in der Bewegung der Malenden mit,* und *das Unterstützen verstärkt leicht eine bestimmte Eigenbewegung des Bildes.* Das *Klären* jedoch bremst die Malende und *fordert sie auf, genauer hinzuschauen*, was auf dem Papier, nicht aber in ihrem Kopf ist.

Wie wichtig diese Art des Klärens ist, sahen wir am Beispiel des Bildes «Die Braune Frau in der Höhle» (S. 76). Erst dadurch, daß Lynn das Schwarz verstärkte, wurde es ihr möglich, diese Form wirklich wahrzunehmen und mit ihr Kontakt zu schaffen. Oft werden solche wichtigen Elemente übersehen, weil sie nicht deutlich genug gemalt werden. Meistens haben die Malenden Angst, Dinge deutlich darzustellen, Farbe zu bekennen. Das Klären dessen, was Lynn vorerst als Membran, dann aber als «aus Stein» bezeichnet hatte, schuf erst die Ausgangslage für die folgende Geschichte.

Klärende Fragen beziehen sich auf die Metapher, die Geschichte des Bildes, nie auf seine Bedeutung. Es sind «kleine» Fragen, die zentrieren, nicht «große», die eine Erklärung fordern. Die Antworten müssen gemalt, nicht gesagt werden können. «Was ist das?» ist eine solche zu große Frage, die die Malenden schnell in ihre Kindheit zurückversetzt, in der das Gemalte nie gut genug war, um von Erwachsenen verstanden zu werden. Sie löst weitschweifige Erklärungen und Entmutigung aus. «Kleine» Fragen beziehen sich auf das unmittelbar Sichtbare im Bild, auf das Offensichtliche, Oberflächliche: «Aus welchem Material ist das Gelb? Ist es fest, flüssig oder gasig? Gehört dieser braune Fleck noch zum Baum, zum Hügel dahinter, oder ist er etwas Eigenes? Sieht man diese Person von vorne oder von hinten? Ist es ein Mann oder eine Frau? Ist er/sie nackt oder bekleidet?» Sie sind aus zwei Gründen entscheidend: 1. Indem man die Malenden auffordert, das Bild genauer zu definieren, ermutigt man sie, Erfahrungen zu malen, denen sie sich lieber entziehen möchten. 2. Das Bearbeiten solcher Bilddetails geht tatsächlich das auf metaphorischer Ebene Darunterliegende an. Bilder werden also nicht er-klärt, sondern ge-klärt.

Verbale Erklärungen haben nicht die Präzision von Bildern. Sie sind nicht nur für den Zuhörer unklar, sondern auch für die Malenden. Die Erklärung einer Malenden, daß das, was sie gemalt hat, eine Frau sei, gibt keine Information darüber, wie alt diese ist, wie sie wirklich aussieht, ob sie die Malende plötzlich an jemanden erinnert, oder ob sie beim Malen doch noch ein Mann wird.

Es gibt Malende, die sich im Bild sofort auf die Hauptsache stürzen und dann meinen, wenn diese gemalt sei, sei das ganze Bild fertig. Andere bereiten nur den Hintergrund vor und haben das Gefühl, nie fertig zu werden. Beiden fehlt jedoch der gegenseitige Bezug: Eine Gestalt hat nur einen Sinn in bezug auf ihr Umfeld. Ein Mensch, in den Bergen dargestellt, hat eine andere Geschichte, ist in gewisser Weise jemand anderes als derselbe Mensch, wenn er am Meeresstrand steht. Der Sinn des Bildes ist ein anderer. Dieser Sinn liegt auch in der Beziehung zwischen Hinter- und Vordergrund. Oft muß daher eines dieser Elemente geklärt werden: «Findet das drinnen oder draußen statt?»

Die klärenden Fragen sollen so allgemein wie möglich gestellt werden, damit die Malenden den engeren Inhalt selber hineinlegen können. Zwar wird durch das Bild die Phantasie der Maltherapeutin angeregt; sie denkt z. B. «dieser Himmel sieht aus, als ob ein Sturm aufziehen würde». Dann aber muß sie diese Phantasie als Anlaß für eine Intervention verstehen und sie in eine allgemeine Frage umwandeln: «Was ist für Wetter?» Denn das Wichtigste auf dieser Stufe ist für die Malende immer wieder die eigene Entscheidung: Will ich auf das Bild eingehen oder auf meine Idee? Nicht jedes Bild, das kommt, muß empfangen werden!

Wenn ein Bild nicht ganz aufs Papier paßt, wie zum Beispiel der Kopf des Knaben im Bild 66, «Knabe auf Elefant» (S. 126), biete ich gewöhnlich ein weiteres Blatt an, das an der Stelle, wo es zu wenig Platz hatte, angehängt wird. Lynn wollte das bei diesem Bild nicht. Papier anzuhängen, um für das Platz zu schaffen, was man gerade nicht mehr sehen wollte, führt oft zu erstaunlichen Details und Informationen. Im darauffolgenden Bild 67, «Elefanten graben Mädchen aus» (S. 127), wurde gerade im angehängten Teil das entscheidende, fehlende Stück gefunden.

Gleichzeitig muß die Maltherapeutin achtsam sein, denn manchmal wollen die Malenden Papier anhängen, um von Beunruhigendem, das bearbeitet werden sollte, wegzukommen. Meistens bitte ich daher die Malenden, das Bild so weit wie möglich fertig zu malen, um erst dann, wenn es noch nötig ist, ein weiteres Blatt anzuhängen.

Damit der kreative Prozeß eine Wirkung hat, ist es wichtig, daß Details in den Malereien geklärt werden; es ist aber ebenso wichtig, die im Entstehen begriffenen Themen manchmal ungeklärt zu belassen. Solch ein Thema ist der zweideutige Berg «Auftauchendes Bild I» (S. 65). Es gibt keine Regel, die festlegt, welche Entscheidung die richtige ist. Die Maltherapeutin muß ihrer Intuition, ihrer Beobachtung des Bildes und des Therapieprozesses und ihrem Wissen über Bilder und Metaphern folgen. *Die wichtigste Regel könnte sein, nicht nach einer Regel zu handeln.*

Manchmal wird das Klären erst nötig, wenn das Bild schon fertig ist. Im Bild 25, «Familie am Leichenmahl» (S. 69), arbeitete Lynn heftig an den Bäumen, die sich in Menschen verwandelten. Erst als das ganze Bild fertig dastand, war eine weitere Klärung nötig, um wirklichen Kontakt mit dem Bild zu schaffen. Ich hatte zwar das Gefühl, daß dies ein wichtiges Bild war, konnte aber nichts weiter damit anfangen. Daher wollte ich die Geschichte des Bildes, die Beziehung der Menschen auf dem Bild wissen. Der gleiche Prozeß fand im nächsten Bild 26, «Total verrückte Monolithen» (S. 71), statt. Erst wenn das Bild fertig gemalt, fertig geklärt ist, kann Kontakt zu ihm entstehen. In dieser Arbeit führt die Seele die Hand mit einer unglaublichen Präzision, die mir immer wieder den Atem nimmt.

Mit Hilfe kleiner, alltäglicher Entscheidungen, die durch die Entgegnungen des Bildes herausgefordert werden, können die Malenden üben, die eine wesentliche Entscheidung zu treffen: ob sie gesund werden wollen. Ich glaube nicht, daß eine Therapeutin etwas unternehmen kann, um diese Entscheidung herauszufordern. Die Malenden müssen sich selber aufmachen und tatsächlich das tun, was nötig ist. Es ist unerläßlich, daß sich das, was in Therapie, Traum- und Malarbeit vorbereitet worden ist, letztlich in der Tat auswirkt. Die Braune Frau muß irgendwann tatsächlich den Schritt aus der Höhle machen. Daß dies ein nicht ungefährliches Unterfangen ist, spüren die Malenden. Lynn hatte, wie andere auch, das Gefühl, daß es um Leben und Sterben geht.

Wann ist das Bild fertig?

Wenn die Malenden die Entscheidung getroffen haben, auf das Bild einzugehen, das Bild zu klären, wird die Aufgabe der Maltherapeutin wieder zu der des Begleitens und Unterstützens. Besonders wichtig dabei ist, daß die Maltherapeutin das Bild solange klärt, bis es ganz fertig gemalt ist. Erst wenn Kontakt mit dem Bild oder mit dem Prozeß geschaffen worden ist, kann eine Wandlung einsetzen. In Bild 49, «Die Braune Frau läßt die Ente fliegen» (S. 101), hat Lynn die wirkliche Konsequenz ihres Bildes vermeiden wollen. Erst durch unsere Zusammenarbeit konnte sie ihren Mut mobilisieren, um der anstehenden Entscheidung nicht mehr auszuweichen. Wie *Karlfried Graf Dürkheim* sagt, vollzieht sich die Verwandlung auf dreifache Weise: als Erlebnis, Einsicht und Übung (1986). In diesem Bild finden alle drei statt: das Erlebnis der angebundenen Ente; die Einsicht, daß Lynn sie fliegen lassen muß; die Tat, indem sie die Schnur tatsächlich übermalt. Erst alle drei zusammen erlauben eine tiefgreifende therapeutische Wandlung.

Blockierung der Malenden: Willen

Wenn die Leute neu ins Malatelier kommen, kennen sie kaum eine andere Auffassung als die, daß man das malt, was man will. Entweder nimmt man sich etwas vor, das man gesehen hat und darstellen will, oder man malt Gefühle in unbestimmten Abstraktionen, die sofort interpretiert werden. Beide Haltungen weichen der wirklichen Bildentscheidung aus. Ausdrucksmalen ist eine Zusammenarbeit, eine Auseinandersetzung, ein Zwiegespräch mit dem Bild, ein Geben und Nehmen. Das Wollen wechselt mit dem Annehmen spielerisch ab. *Wenn Malende vom Bild frustriert sind, weil das, was sie wollen, nicht geht, müssen sie lernen, nicht nur zu malen, was sie wollen, sondern auch zu wollen, was sie malen.*

Oft spüren die Malenden genau, daß ihnen das Bild etwas entgegnet. In Bild 39, «Die Braune Frau findet ein Kind» (S. 89), ist anzunehmen, daß Lynn von Anfang an wußte, daß ein Kind in den Armen der Braunen Frau liegt. Dann aber verzögerte sie das Weitermalen, weil sie ahnte, daß das, was dort lag, an etwas rührte, was sie scheute. Durch die Klärung der Stelle im Bild entstand dann aber doch das, was Lynn anfangs vermeiden wollte. Haben die Malenden sich durchgerungen, ihr Malergebnis anzuschauen, üben die MaltherapeutInnen manchmal dahingehend Druck aus, daß die Malenden das Resultat nun auch mit freudigem Gemüt empfangen müssen. Das ist nicht nur unnötig, sondern leistet Heuchelei Vorschub. Es genügt für den Erfolg der therapeutischen Arbeit, wenn die Malenden willens sind zu tun, was nötig ist. In Bild 40 (S. 91) nimmt die Braune Frau das Kind zwar mit, aber nur gerade das. Das genügt!

Eine Entscheidung zu treffen heißt nicht immer, die Entgegnung des Bildes annehmen. Manchmal tropft die Farbe während des Malens, und es gibt eine Rinnspur durch das Bild. Manche Malende erfahren einen solchen Zufall *immer* als Entgegnung, auf die sie eingehen müssen, obwohl es oft gar nicht ins Bild paßt. Sie quälen sich dann, um dieser Spur eine Bedeutung zu geben, und verlieren dabei das ganze Bild.

Der eigene Wille steht auch dann im Weg, wenn die Malenden genug haben und wollen, daß es vorbei ist. Sie flüchten sich in unproblematische Bilder oder Ideale, wie Lynn in den «Frühlingsriten» (S. 99).

Blockierung der Maltherapeutin: Druck

Wenn die Malende etwas will oder eben nicht will, löst das in der Maltherapeutin oft Gegendruck aus. Ein Machtkampf entsteht, den die Malleiterin eigentlich immer verliert.

Einen solchen Machtkampf gab es beim Bild 13, «Erschreckende Figur» (S. 57). Die Maltherapeutin darf keinen Druck ausüben, sondern muß warten, bis die Malenden wirklich bereit sind, anstehende Themen anzugehen. Auch in anderen Bildern wußten sowohl Lynn als auch ich, daß es Dinge zu bearbeiten gab, trotzdem wurden sie wieder hinausgeschoben. Es brauchte oft eine weitere Versicherung durch Träume oder Bilder, bis ein Schritt gemacht werden konnte.

Dieses Verhalten erinnert mich an ein Kind, das lernen will, vom hohen Sprungbrett zu springen. Es muß zuerst wissen, wie hoch es ist. Dann geht es an den Rand des Brettes, kommt zurück und versichert sich, daß es nicht weh tun wird. Es geht wieder hinaus und kommt zurück, um nochmals zu fragen, wie es die Beine halten muß, kommt zurück und trifft eine Abmachung, daß es nachher ein Eis bekommen wird - bis es springt. Diese ganze Zeit kann die Therapeutin da sein, um beantwortbare Fragen zu beantworten, unbeantwortbare Fragen zu verstehen, das Risiko zu bestätigen und die Gefühle der Malenden zu begleiten. Es ist aber nicht die Aufgabe der Therapeutin, die Malende vom Brett hinunterzustoßen. Die Entscheidung zum Sprung muß diese selber treffen - und den Sprung muß sie selber tun.

Neuerung – Kontakt – Konfrontieren

Immer wieder konfrontieren die Bilder die Malenden mit etwas ganz Neuem. Plötzlich hat die Braune Frau ein Baby im Arm, plötzlich findet sich ein Mädchen, mit dem man sich auseinandersetzen muß. Etwas Neues wird zuerst immer als fremd, falsch, als Nicht-Ich erlebt und automatisch abgelehnt. Oft muß daher die Maltherapeutin die Malende mit dieser Abwehr konfrontieren und dem Bild zum Durchbruch verhelfen. Wenn der Kontakt am Schluß zustande kommt, sind diese Bilder ganz besonders bereichernd und beglückend.

Ein wichtiges Bild, in dem Lynn mit einer Neuerung konfrontiert wurde, war «Elefanten graben Mädchen aus» (S. 127). Nur durch meine Konfrontation wagte sich Lynn daran, auch dorthin zu schauen, wo die Elefanten hinsahen. Dabei wurde ihr das Mädchen geschenkt, und wir bekamen beide Hühnerhaut.

Neues kann nur dort entstehen, wo Altes gestorben ist. Damit etwas gefüllt werden kann, muß es zuerst leer sein. Dieses Absterben macht immer Angst, fühlt sich als Leere an. Nur langsam wächst das Vertrauen, daß es sich wieder füllen wird, daß es das ewige Stirb und Werde ist, das das Leben reich und sinnvoll macht.

Ich meine, daß Leute, die zum Malen kommen, eine solche Neuerung suchen. Sie ahnen vielleicht zuerst nicht, wie tiefgreifend sich dieses Schaffen auswirkt. Ziemlich schnell aber erfahren sie, daß sie an zentrale Anliegen stoßen, daß die gleichen Blockierungen sie am Malen wie am Leben hindern. Da sie beides in sich spüren, das Loslassen und das Festhalten, befinden sie sich in derselben Lage wie der Esel, der in der Mitte zwischen den berühmten Heuhaufen verhungert. Das Bild kommt aus ihnen heraus und bietet ihnen neue Wege an. Der Widerstand äußert sich in vielen rationalen und auch irrationalen Erwiderungen, die manchmal sehr überzeugend tönen. Große Angst ist immer ein Teil davon. Wenn ich daher die Malenden mit ihrer Abwehr konfrontiere, muß ich ganz besonders mein Vertrauen in das Bild und in den Malprozeß gegenwärtig haben. *Darüber hinaus muß die Konfrontation immer von einem inneren Ort des Wohlwollens, des geteilten Schmerzes kommen, nicht aus der Kritik an den alten Mechanismen.*

Die beängstigendsten Momente sind für die Malenden jene, kurz bevor das «Monster» erscheint und während «es» ungeklärt ist. In dieser Zeit brauchen die Malenden Unterstützung und Begleitung. Darum will ich bei der Entstehung der Bilder dabeisein und die Malenden nicht ihren Bildern zu Hause aussetzen, wo sie mit ihnen alleine und ihren inneren kritischen Instanzen ausgeliefert sind. Ich glaube, daß solche wirklich schrecklichen Bilder nur unter Begleitung entstehen können. Wenn das «Monster» einmal eine deutliche Form hat und «draußen» ist, ist es weniger schrecklich für die Malenden, aber für die Maltherapeutin kommt dann der beängstigende Moment.

Konfrontieren ist nicht leicht, denn die Malenden haben es nicht gern. Wenn man das Bild jedoch vor sich hat, ist es etwas einfacher: «Ja, aber ... die Elefanten schauen doch eindeutig auf einen bestimmten Ort!» Das Ziel einer Konfrontation ist der Kontakt mit dem Bild.

Manchmal wird das Bild zwar fertig gemalt, der Kontakt damit aber nicht geschaffen. Auch dann ist Konfrontation nötig. Zum Konfrontieren eignen sich möglichst allgemeine Formulierungen, weitgefaßte Fragen, die die Malenden mit spezifischem Inhalt füllen können. Es ist besser, «Person» statt «Frau», «sagen» statt «schreien» zu benutzen. *Die Konfrontation soll das Bild unterstützen und nicht etwa Neues einbringen oder durch Fragen nach der Bedeutung vom Bild ablenken.*

Eine wichtige Quelle für Anstöße zu Interventionen ist mein eigener Körper. Eigentlich sollten die körperlichen Reaktionen auf ein Bild im Körper der Malenden stattfinden, und meistens ist das auch so. Während des Malens bekommen die Leute weiche Knie, Halsschmerzen, es wird ihnen schlecht, sie weinen oder lachen. Tatsächlich sind solche Körperreaktionen sehr wichtig, weil eine Erfahrung dadurch «hautnah» wird. Manchmal aber blockieren die Malenden die Mitteilungen ihres Körpers. Wenn sie solche Körperreaktionen nicht wahrnehmen, spüre ich sie oft in meinem eigenen Körper, wenn ich hinter ihnen stehe. Ich hatte schon Kopf-, Magen-, Kiefer-, Rücken- und Knieschmerzen, welche sofort verschwanden, wenn ich wegtrat. Sobald die Malenden ihre eigenen Schmerzen spüren, bin ich davon erleichtert.

Auf eine solche Körperreaktion kann ich mich bei einem weiteren, wichtigen Gefühl verlassen – bei Trauer. Wenn jemand wirklich traurig ist, kommen mir Tränen, was nicht heißt, daß ich weine. Ich habe die Erfahrung gemacht, daß wirkliche Trauer ein seltenes Gefühl im Malatelier ist. Wenn jemand beim Malen weint, kommen die Tränen meistens aus einer Mischung von Gefühlen, aus Wut, Verzweiflung, Angst, Selbstmitleid, Reue, Erleichterung. Sich dem zu stellen ist ebenso schwierig wie wichtig, denn Trauer wird oft vor andere, weniger akzeptable Gefühle geschoben. Um aber weiterarbeiten zu können, muß die Malende mit dem unmittelbaren Gefühl in Kontakt kommen, manchmal folgt dann die Trauer nach.

Konfrontationen sind überzeugender, wenn sie vom Bild kommen, als wenn sie die Maltherapeutin anbietet. Die Einsicht wird nicht einfach übernommen, sondern kommt von innen aus den Malenden heraus und wird vom visuellen Beweis des Bildes unterstützt, der nicht einfach weggewischt oder vergessen werden kann. Ich kann ganz einfach still aufs Bild zeigen und mich darauf verlassen, daß das Bild nur Material bringt, das auch bewältigt werden kann.

Blockierung der Malenden: Angst

Angst als Blockierung zu betrachten könnte man vielleicht als übertrieben ansehen, denn ist nicht gerade Angst ein grundlegendes, existentielles Gefühl? Angst hat jedoch immer mit Zukunftsvorstellungen zu tun: Angst vor Liebesverlust, Angst vor Erfolg, Angst vor der Angst. Gerade aber leidende Menschen sind meines Erachtens aufgefordert, sich mit Angst auseinanderzusetzen und durch sie hindurch zu einem Urvertrauen ins Leben zu kommen.

Es ist ein Fehler, Gesundheit mit Abwesenheit von Leiden gleichzusetzen. Der Unterschied ist nicht, daß man nicht mehr leidet, sondern daß das Leiden weniger Angst macht, ja sogar einen Sinn hat.

Gleichzeitig zeigt sich gerade in der Arbeit mit Angst, wie ernst Widerstand zu nehmen ist. Blockierungen stehen nicht der Einsicht im Weg, sondern sind die eigentliche Arbeit. In die Blockierungen wird am meisten Energie investiert. Die Malenden müssen also die Angst nicht möglichst schnell überwinden, nur um bald mit der eigentlichen Arbeit beginnen zu können. Die Auseinandersetzung mit den angstmachenden Bildern zeigt auf, wie an ihr festgehalten wird. Auch hier ist die Frage nach dem Warum nicht von Interesse.

Angst und Grauen haben dann Macht über den Menschen, wenn er sie nicht anschaut. Die Seele kennt keine Zeit, sie «vergißt», daß man in der Zwischenzeit erwachsen geworden ist, und Ängste, die das Dasein des Kindes noch existentiell gefährdet hätten, werden immer noch gleich bedrohlich erlebt. Erst wenn man die Angst überwunden hat, ist man wirklich befreit. In dem Sinne erlebe ich das Erschaffen von Bildern als über den Therapiegedanken hinausgehend. Es geht letztlich nicht um eine Verbesserung der Lebensqualität, sondern darum, den Sinn des Lebens und des Todes zu erfassen.

Diese Sinnfindung kann aber nur ein Ideal, nicht aber das Ziel sein. Nach Idealen strebt man, Ziele erreicht man. Ein Ziel ist zum Beispiel die Bewältigung eines Bildes. Beim Malen des Bildes geht es daher nie um einen zu erreichenden Sinn, der Sinn liegt in der Tätigkeit des Malens selbst: im Auftragen der Farbe auf Papier, am richtigen Ort und in der richtigen Weise. Während dieser Tätigkeit entsteht das Bild, das nun seinerseits führt, auffordert, entgegnet, Neuerungen vorschlägt.

Wie kaum eine andere Methode erlaubt das Malen die Annäherung an das, was Angst macht. In der Arbeit mit Lynn war dies einer der wichtigsten Aspekte. Bilder wie die «Erschreckenden Figuren» (S. 52, 53, 56–59, 67) oder die Serie der «Alpträume» (S. 84–88) sind Beispiele von Kontakt mit Abgründen, die keine Worte haben, reinstes Grauen umfassen und zeigen, daß der Kontakt mit ihnen möglich ist. Angstmachende Bilder können im Malen auf wirkungsvolle Art gebannt werden.

Eine Malende hatte ein für sie überwältigend beängstigendes Gesicht gemalt. Als sie einmal kurz ihr heftiges Weinen unterbrach, erzählte sie mir auf meine Frage, daß es die Augen seien, die sie so maßlos erschreckten. Ich forderte sie auf, im Sinne eines Bannes (wie Knoblauch für Vampire), den Augen einen Bann aufzulegen. Sie malte Blumen darüber und dann auch noch ein Gitter über den Mund. Damit konnte sie sich beruhigen, und wir konnten an die Erinnerungen kommen, die mit dieser völlig vergessenen Angst zusammenhingen.

Eine andere Frau malte eine Landschaft, die ihr sehr gefiel. Aus einem Hügel brach eine Quelle hervor, und kurze Zeit später drohte das Wasser das ganze Bild zu überdecken. Dies löste große Angst in ihr aus. Ich schaute mit ihr das Bild genau an, und sie zeigte mir die Stellen, die sie nicht aufgeben wollte. Ich forderte sie auf, um diese Stellen einen Rahmen zu malen und sich dazu zu verpflichten, das Wasser nicht darüber hinaus zu malen, ohne mit mir vorher darüber gesprochen zu haben. Es war erlösend für diese Frau zu erfahren, daß sie dem Wasser Platz geben und gleichzeitig das, was sie erhalten wollte, erhalten konnte.

Es gibt keine Heilung ohne Aufruhr. Wenn das Eis aufbricht, wie in Lynns «Unruhiger Landschaft» (S. 53), ist der Fluß oft ein Strom, der über die Ufer tritt. Dies ist eine gefährliche und beängstigende Erfahrung. Während dieser Zeiten muß die Maltherapeutin der Malenden sagen, daß solche Angst normal und sogar hilfreich ist, indem sie die Schnelligkeit des Fortschrittes überwacht. Gerade hier ist es wichtig, daß die Maltherapeutin selber keine Angst vor den Bildern hat und der Malenden hilft, sie so weit wie möglich zu klären.

Existentielle Angst läßt sich nicht kurzerhand bewältigen; es sind viele kleine Schritte nötig, die gleichzeitig das beängstigende Ereignis zulassen und es kontrollieren, damit das Vertrauen der Malenden wächst, solche Prozesse in eigenem Rhythmus bewältigen zu können. Die Bewältigung der Angst, existentiell ausgelöscht zu werden, ist dann letztlich ein ebenso kleiner Schritt wie das Verarbeiten der Angst vor dem eigenen Ungenügen.

Angst kann durch Malen bewältigt werden - *die Wirkung des Malens kann jedoch nie Ziel sein.*

Grauen, wie Lynn es in ihren Bildern erlebte, ist nonverbal. Sein Ausdruck mußte daher ebenfalls nonverbal sein. Der Vorteil, den das Malen gegenüber anderen nonverbalen Ausdrucksformen hat, ist dreifach: 1. Das Bild ist ein sichtbares, unveränderliches Dokument. 2. Durch den kreativen Akt wird dem Bild eine Form gegeben; dies setzt neue Information frei - es erlaubt sowohl Ausfließen wie Einfließen. 3. Durch Malen wird dem Schrecken ein Bild gegeben, über das die Malende nun Kontrolle gewinnen kann - Bilder oder Teile davon können übermalt, eingegrenzt, verändert werden. Wie es sich in der Serie der «Alpträume» gezeigt hat, verlieren die Bilder die Gewalt über die Malenden.

Blockierung der Maltherapeutin: Interpretation

Während die Angst der Malenden vor allem vor und während der Entstehung des Bildes am größten ist, überkommt die Angst die Maltherapeutin meistens erst in dem Moment, wenn das Bild sichtbar ist. Es rührt tiefe eigene Gefühle und Erinnerungen an, und es ist oft sehr schwierig für sie, solche Bilder und Gefühle zu ertragen. Um ihre Ängste abzuwehren, hat die Maltherapeutin verschiedene Möglichkeiten.

Sie kann der Malenden zustimmen, wenn diese sich zu früh freuen will und sich in die Gesundheit flüchtet. Beide wollen, daß der Schmerz vorbei ist, wie beim «Selbstportrait I» (S. 63) und bei den «Frühlingsriten» (S. 99).

Die Maltherapeutin kann sich vor ihren eigenen unangenehmen Gefühlen schützen, indem sie auf dem Bild genau verfolgt, was geschieht - welche Farben gebraucht werden, in welcher Reihenfolge etc. Diese Strategie erlaubt ihr, Distanz zu schaffen, und gibt ihr Zeit, mit ihrer Bangigkeit umzugehen.

Eine weitere wirksame Art für die Maltherapeutin, mit der eigenen

Angst umzugehen, besteht darin, Trost zu spenden. Trost hat eine sofortige, mildernde Wirkung, verhindert aber, daß die Malende das malt, was zu malen ist, und macht zudem von weiterem Trost abhängig. Er untergräbt das Vertrauen in die eigene Kraft. Nur wenn die Maltherapeutin fähig ist, die Trostlosigkeit der Malenden zu ertragen, kann diese wirklichen Trost in sich finden.

Die meistgebrauchte Strategie in der Kunsttherapie zur Abwehr der eigenen Angst vor Bildern ist die Interpretation.

Wenn ich «Hervortreten des Mädchens» (S. 130) mit Penisneid und Kastrationsangst erklären und erledigen kann, brauche ich mich nicht mit den tiefen, aufwühlenden Gefühlen eigener gebrachter und vermiedener Opfer auseinanderzusetzen, nicht mit den Ängsten, die die Aufforderung zu einem solchen Opfer mit sich bringt, nicht mit dem Grauen vor dem Sterben. Wenn ich diese Interpretation dann auch noch der Malenden mitteile, verhindere ich, daß sie sich mit diesen Gefühlen und mit ihrem Bild auseinandersetzt, und zerstöre die Wirkung des Malens, zerstöre das Bild. Anstatt in tiefer gemeinschaftlicher, menschlicher Not der Malenden verbunden zu sein, nimmt die Maltherapeutin der Malenden das Bild durch eine solche Interpretation weg (auch wenn sie raffiniert formuliert ist). Nicht weniger schädlich ist eine solche Erklärung, wenn sie die Maltherapeutin von der Malenden selber fordert. In jedem Fall entfernt eine Interpretation die Beteiligten von der Unmittelbarkeit und der Erfahrung des Bildes.

Darum ist es wichtig, daß Maltherapeuten lernen, direkt mit Bildern umzugehen und sich nicht an Theorien der Gesprächstherapien zu orientieren.

Die Malenden können schreckliche Bilder nur so weit zulassen, als die Maltherapeuten mit ihrer eigenen Furcht umgehen können. Dabei spielt das eigene Malen der Therapeutin, das Üben, mit Bildern und Ängsten umzugehen, eine große Rolle. Es ist nicht nötig, oft sogar hinderlich, wenn die Maltherapeutin selber Künstlerin ist, aber es ist wichtig, daß sie sich diesem Prozeß auch immer wieder aussetzt.

Wandlung – Wandlung – Fürsorge

Wenn Kontakt geschaffen worden ist, folgt das gewandelte Bild und damit eine Wandlung der Einstellung der Malenden. Wandlungsbilder entstehen unter großem inneren Druck am Ende einer Phase, in der vieles bearbeitet wurde. Ein erstes solches Wandlungsbild ist das «Selbstportrait II» (S. 102). Im Schlußinterview bemerkt Lynn dieses Phänomen selber: «Wie wurde ich nur so, so direkt.» Es ist etwas Neues geworden, etwas hat sich gewandelt, es ist nicht mehr so wie vorher. Diese Wandlung ist dauerhaft, sie muß nicht wieder und wieder erarbeitet werden.

Wandlung bedeutet, daß es nicht mehr so ist wie vorher, ohne daß eine Veränderung beabsichtigt war. Wandlung ist Leben - Leben ist Wandlung.

Gerade weil Wandlung so erschüttert, ist die Rolle der Maltherapeutin bei der Entstehung dieser Bilder wichtig.

Ein wichtiger Anteil des Wandlungsbildes ist das darin enthaltene Opfer. Man muß etwas aufgeben, damit die Wandlung vollzogen werden kann. Oder besser gesagt, indem man etwas opfert, kann eine Wandlung stattfinden. Ein Opfer wird erst zu einem solchen, wenn es wirklich etwas im Leben dessen verändert, der das Opfer bringt. Der «Märtyrer» (S. 114) will zwar ein Opfer bringen, dann aber spricht er nur darüber und handelt nicht, oder aber er schwelgt im sichtbarem Schmerz und Verzicht. Der therapeutische Prozeß ist ähnlich. Der Patient kann durch alle richtigen Bewegungen der Therapie gehen, Zeit und Geld opfern und leiden wie ein Märtyrer. Aber bis er nicht wirklich liebgewonnene und einmal nützliche Abwehren aufgibt - diese opfert - und das Risiko eingeht, anders zu handeln, gibt es keine Wandlung. Erst im Bild «Hervortreten des Mädchens» (S. 130) war Lynn zu diesem umfassenden Opfer bereit. Die Verteidigung aufzugeben erlaubt ihr, der Vergangenheit zu vergeben, und schafft Raum für das, was neu und lebendig ist. Welches Risiko ist Lynn eingegangen!

Manchmal ertragen die Malenden die Wandlungsbilder nicht sofort. Sie sind erschüttert, aber noch nicht bereit, die Wandlung wirklich anzunehmen. Sie sind zwar auf der anderen Seite angekommen, drücken aber noch die Augen zu. In dieser Zeit werten sie die soeben gemalten Bilder manchmal ab, finden Fehler und fühlen sich enttäuscht. Dann muß die Maltherapeutin das Bild für die Malenden tragen und pflegen. Dabei darf sie sich nicht von der eigenen Enttäuschung, daß die Malende das Bild und damit ihre Arbeit nicht schätzt, dazu verführen lassen, die Malende von der Einmaligkeit des Bildes zu überzeugen, sondern muß sie in ihrer Enttäuschung begleiten. Ja, es ist sogar empfehlenswert, wenn sie die innere Stimme der Malenden übernimmt und ihr bestätigt, daß das gar nicht so großartig oder nur Zufall ist oder noch viele Mängel aufweist, damit die Malenden in sich die aufbauende Stimme finden können. Nach wichtigen Bildern ist Begeisterung der Malleiterin und Lob besonders schädlich. Zwar kann man den Malenden bestätigen, daß es tatsächlich sie selber waren, die das Bild gemalt haben und die fähig waren, Anregungen der Malleiterin in Tat umzusetzen. Dann aber ist es nötig, den Erwartungsdruck und die Trotzreaktionen aufzufangen. «Ja nun, nehmen wir es so, wie es ist», ist der Tenor dieser Phase.

Inzest

Ich habe bis jetzt absichtlich nicht über das Problem gesprochen, das Lynn in dieser Therapie bewältigt hat, denn der Inhalt der Maltherapie ist in gewisser Weise nebensächlich. Eine andere Erfahrung kann genau so schrecklich sein wie diejenige Lynns.

Trotzdem möchte ich einige Bemerkungen zum Thema Inzest machen, das in der letzten Zeit immer mehr zur Sprache kommt. Ich spreche dabei von meiner eigenen Erfahrung und erhebe keinen Anspruch auf allgemeine Gültigkeit, wäre aber am Austausch mit anderen interessiert.

Jedesmal, wenn durch Malen ein Inzesterlebnis aus der Erinnerung auftauchen konnte, erlebte ich, daß die Malenden – was sie selber erstaunte – eine große Erleichterung fühlten. Meine Erfahrungen mit Inzestopfern beschränkte sich auf Malende, die überhaupt keine Erinnerung mehr an das Erlebnis hatten. Dennoch, so schrecklich das Ganze war, das Schweigen und Nichtwissen scheint noch viel schlimmer zu sein. Meistens erklärt dieses Erlebnis so vieles im Leben der Malenden, das bis jetzt unverständlich gewesen war, so unverständlich, daß sie heimlich gemeint hatten, sie seien verrückt. Nach dem Erkennen und Anerkennen der Inzesterinnerung scheint mir die Arbeit an den verheerenden Auswirkungen viel wesentlicher zu sein als diejenige am Erlebnis selbst, denn die gleiche Entdeckung kann nie zweimal gemacht werden. Ich wage zu sagen, daß die wiederaufgetauchte Erinnerung, besonders wenn Bruchstücke davon gemalt und anerkannt worden sind, den Inzest selber verarbeitet.

Humor

Oft benützt das Bild Humor, um schwierige Momente erträglich zu machen, um Spannungen zu lösen, oder einfach, um des Lachens willen lachen zu können. Im Atelier wird daher oft gelacht. «Heilige Maria in der spanischen Tapasbar» (S. 124) ist ein solches humorvolles Bild. Was für eine wunderbare Integration von Heiliger und Hure - die heilige Maria, bunt bemalt, die in die Bar hinuntersteigt, an einen Ort, wo sich die Hure zu Hause fühlt. Es ist sicher, daß der Humor die Quelle ist, die es der Therapie ermöglicht, tief zu gehen, ohne zu verletzen, Wahrheiten aufzudecken, ohne zu beschämen.

Auch der «Walfisch» (S. 131) ist ein solches Bild, das mit Humor spielt.

Humor sollte auch die Grundhaltung der Maltherapeutin bestimmen. Wortspiele, Einfälle, Lachen, Leichtigkeit helfen tiefe Arbeit ohne Schwere zu bewältigen. Jemand hat mir einmal gesagt: *«Traue niemandem, der keinen Humor hat.»*

Blockierung der Malenden: Verharren

Verharren als Blockierung kann verschiedene Formen annehmen: Es kann ein Verharren am Thema sein, oder ein ständiges Aufwärmen desselben Problems. Dann verstümmeln die Malenden das Bild.

Kindheitstraumen wie Inzest können nicht leicht aufgegeben werden. Es hatte einen wichtigen Platz in Lynns Leben eingenommen. Mit der Zeit entstehen aber auch Vorteile aus einer solchen Situation: Man kann die Tragödie dafür verantwortlich machen, daß man keine Risiken eingeht und den Kontakt mit sich und der Umwelt vermeidet. Das Bild jedoch ist unbestechlich.

Manchmal ist es schwierig abzuwägen, ob eine Wiederholung nun Verharren oder erneute Aufforderung ist. Ich muß mich dabei darauf verlassen, wie ich auf das Bild reagiere. Wenn es mich langweilt, muß ich mindestens nachfragen, was los ist.

Blockierung der Maltherapeutin: Resignation

Wenn Malende in ihren Problemen verharren, resigniert die Maltherapeutin. «Es lohnt sich ja doch nicht. - Ich lasse sie jetzt einfach» sind Gedanken, die mir kommen, wenn ich resigniere. Resignieren heißt, die Malenden im Stich lassen. Ich muß dieses Gefühl als Anzeichen, als eine

Warnung dafür nehmen, daß die Malende meine Hilfe braucht. «Was war es wieder, warum du ins Malen gekommen bist? Wie nah, denkst du, bist du deinem Ziel? Was läuft jetzt gerade ab?» sind Fragen, die untersuchen, welche Funktion das blockierende Verharren der Malenden hat. Manchmal führt eine solche Auseinandersetzung auch zum Abbruch des Malens. Es hat keinen Sinn und schadet nur, resigniert die Situation zu erdulden.

9. Schlußgedanken

Die Arbeit mit Lynn war eine Triade zwischen ihr, ihren Bildern und mir. Sie brachte viele Veränderungen in Lynns Leben. Lynn ist heute mehr im Kontakt mit dem, was sie will. Sie kann sich für sich selbst entscheiden, für ihre Wünsche einstehen und Verantwortung für diese übernehmen. Sie muß sich nicht mehr für ihre Existenz entschuldigen und keine Opferhandlungen erbringen, nur um zu rechtfertigen, daß sie lebt. Ihre Depressionsphasen haben sich zu gelegentlichen Momenten verringert und sich entschärft. Es wurde Lynn möglich, in ihrem Heimatort ein Zuhause aufzubauen, wohin sie sich im Alter zurückziehen möchte. Sie hat sich von ihren Eltern und Geschwistern abgelöst, und sie kann Kontakte mit ihnen pflegen, ohne sich manipulieren zu lassen und sich danach schlecht zu fühlen. Sie hat den Kontakt mit ihrer Mutter verstärkt und freut sich darüber.

Anderes bleibt ungelöst. Zwischen Lynn und mir blieb viel Arbeit zurück. Wir kamen nicht dazu, ihre Konkurrenz zu mir und ihre Idealisierung meiner Person zu bearbeiten, und manchmal zieht sie sich noch zurück, wenn sie wütend ist. Lynn malt immer noch nicht für sich zu Hause. Sie war jedoch fähig, später ihre Bilder alleine anzuschauen, sie zu sortieren und einige zu rahmen. In einem Brief (11. Feb. 1988) schrieb sie mir: «Ich entdecke meine Bilder, ich hatte sie vergessen. Das ist aufregend! Ich glaube, ich ‹übernehme› jetzt dort, wo du aufgehört hast.»

Die heilende Kraft der Bilder wird in dieser Studie offensichtlich. Im Durcheinander von Meinungen, Strategien, Theorien und Politik der Kunsttherapie gibt sie eine genaue Beschreibung der wirklichen Interventionen und der kleinen Schritte des Malprozesses; sie ermöglicht einen frischen Blick auf das, was wirklich geschieht, wenn Menschen malen.

Es ist heute noch immer so, daß die psychoanalytischen und tiefenpsychologischen Ansichten für die Kunsttherapie als ausschlaggebend betrachtet werden. Seit den Tagen von Freud und Jung hat sich die Welt jedoch drastisch geändert. Mit den Ansichten Freuds und seiner Schüler übernehmen wir gleichzeitig den Zeitgeist des Wiener Jugendstils. Diese dekorative und illustrative Kunstrichtung beeinflußt, weil nonverbal, den kunsttherapeutischen Blickwinkel, ohne daß wir es merken, und die Bilder werden immer noch als Illustration der Pathologie verstanden. Das heißt, daß wir heute veraltete Metaphern verwenden, die nicht mehr genügen, um dem Leiden der Menschen unserer Zeit einen Sinn zu geben.

Wir benötigen neue Metaphern, die der seelischen Erfahrung von heute entsprechen. Mit dieser Arbeit hoffe ich, zur Bewußtwerdung dieser Aufgabe der Kunsttherapie und zur Klärung des Entstehungsprozesses von Bildern beigetragen zu haben.

10. Anhang

Weiterbildungsmöglichkeiten

Ausbildung in Malleiten/Maltherapie und Kunsttherapie

Wöchentliches Ausdrucksmalen, Wochenenden und Ferienkurse in Spanien

Bettina Egger
Institut für Humanistische Kunsttherapie
Feldeggstr. 21, CH-8008 Zürich, Tel. 01/3 83 53 61

Quellenhinweis

Pinsel und Gemeinschaftspaletten
Lotti Scheffmacher
Platz 10, CH-8200 Schaffhausen, Tel. 053/25 54 80

Farben
Farbenfabrik A. Diethelm
CH-8306 Brüttisellen, Tel. 01/833 07 86

Bibliographie

Die folgende Bibliographie ist als Anregung gedacht, je nach Bedarf einzelne theoretische Aspekte zu vertiefen. Daß der Großteil der Bücher als Originaltitel aufgeführt wird, ist meinem jahrelangen Aufenthalt in New York geschuldet. Die schon während des Schreibens z. T. erhältlichen deutschen Übersetzungen standen mir in New York nicht zur Verfügung; wenn ich sie hier in Klammern hinzufüge, dann, um den LeserInnen die Suche zu erleichtern. Alle Zitate aus der englischsprachigen Literatur sind von mir übersetzt und erheben keinen Anspruch auf Übereinstimmung mit der deutschen Übertragung. B. E.

Arieti, Silvano: Creativity - The Magic Synthesis, Basic Books, New York, NY, 1976

Arnheim, Rudolf: Anschauliches Denken, DuMont, Köln, 1977

Bachmann, Helen: Malen als Lebensspur, Klett-Cotta, Stuttgart, 1985

Bader, Alfred: Geisteskranker oder Künstler? - Der Fall Friedrich Schroeder-Sonnenstern, Hans Huber Verlag, Bern, 1972

Bandler R.: Using Your Brain For A Change, Real People Press, Moab, UT, 1985 (Veränderung des subjektiven Erlebens, Junfermann Verlag, Paderborn, 1987)

Bandler, Richard and Grinder, John: The Structure of Magic I, Science and Behavior Books, Palo Alto, CA, 1975 (Metasprache und Psychotherapie, Junfermann Verlag, Paderborn, 1984)

Bandler, Richard and Grinder, John: The Structure of Magic II, Science and Behavior Books, Palo Alto, CA, 1976 (Kommunikation und Veränderung, Junfermann Verlag, Paderborn, 1982)

Bandler, Richard and Grinder, John: Frogs into Princes, Real People Press, Moab, UT, 1979 (Neue Wege der Kurzzeittherapie, Junfermann Verlag, Paderborn, 1981)

Bandler, Richard and Grinder, John: Reframing, Real People Press, Moab, UT, 1982 (Reframing, Junfermann Verlag, Paderborn, 1985)

Bandler, Richard and Grinder, John: Trance-Formations, Real People Press, Moab, UT, 1981 (Therapie in Trance, Klett-Cotta Stuttgart, 1987)

Barker, Philip: Using Metaphors in Psychotherapy, Brunner/Mazel, Publishers, New York, NY, 1985

Barron, Frank: Creativity and Psychological Health, D. Van Nostrand Comp., Princeton, NJ, 1963

Bettelheim, Bruno: Freud And Man's Soul, Alfred A. Knopf, Inc., New York, NY, 1982

Billow, Richard M.: Metaphor, A Review of the Psychological Literature, Psychological Bulletin, 1977, Vol. 84, No. 1, 81–92

Bonime, Walter: The Clinical Use of Dreams, Basic Books, New York, NY, 1962

Dalley, Tessa (ed.): Art As Therapy, Tavistock Publications, London, 1984

Dieckmann, Hans: Umgang mit Träumen, Kreuz Verlag, Stuttgart, 1982

Dreifuss-Kattan, Esther: Praxis der Klinischen Kunsttherapie, Verlag Hans Huber, Bern, 1986

Dreikurs, Sadie E.: Art Therapy: An Adlerian Group Approach, Journal of Individual Psychology, 32 (1): 69–80, 1976

Edwards, Betty: Drawing on the Right Side of the Brain, J.P. Tarcher, Los Angeles, CA, 1979 (Garantiert Zeichnen Lernen, Rowohlt, Hamburg, 1982)

Egger, Bettina: Faszination Malen, Zytglogge Verlag, Bern, 1980

Egger, Bettina: Malen als Lernhilfe, Zytglogge Verlag, Bern, 1982

Egger, Bettina: Bilder verstehen, Zytglogge Verlag, Bern, 1984

Erickson, Milton H.: Healing in Hypnosis, Irvington Publ. Inc., New York, NY, 1983

Erickson, Milton H.: Reframing in Hypnosis, Irvington Publ. Inc., New York, NY, 1985

Feder, Elaine & Bernard: The Expressive Arts Therapies, Prentice Hall, Englewood Cliffs, NJ, 1981

Field, Joanna: On Not Being Able To Paint, J.P. Tarcher, Boston, MA, 1957

Fosshage, James L. and Loew, Clemens A. (editors): Dream Interpretation, SP Medical & Scientific Books, New York, NY, 1978

Foucault, Michel: This Is Not A Pipe, University of California Press, Berkeley, CA, 1982

Freud, Sigmund: Der Witz und seine Beziehung zum Unbewußten, Fischer Verlag, Frankfurt/M., 1986

Freud, Sigmund: Die Traumdeutung, Fischer Verlag, Frankfurt/M., 1985

Freud, Sigmund: Zwei Kinderneurosen, Fischer Verlag, Frankfurt/M., 1982

Fromm, Erich: The Forgotten Language, Grove Press, New York, NY, 1957 (Märchen, Mythen, Träume, Rowohlt, Reinbek, 1984)

Galey, Iris: Ich weinte nicht, als Vater starb, Zytglogge Verlag, Bern, 1988

Gardner, Howard: Art, Mind & Brain, Basic Books, New York, NY; 1982 (Dem Denken auf der Spur, Klett-Cotta, Stuttgart, 1989)

Gendlin, Eugene T.: Let Your Body Interpret Your Dreams, Chiron Publications, Wilmette, IL, 1986 (Dein Körper - Dein Traumdeuter, Otto Müller Verlag, Salzburg, 1987)

Gendlin, Eugene T.: Focusing, Otto Müller Verlag, Salzburg, 1981 (Focusing, Otto Müller Verlag, Salzburg, 1981)

Goodman, Paul: Growing Up Absurd, 1960 (Die Tatsachen des Lebens, Suhrkamp Verlag, Frankfurt/M., 1986)

Gordon, David: Therapeutic Metaphors, Meta Publications, Cupertino, CA, 1978 (Therapeutische Metaphern, Junfermann Verlag, Paderborn, 1985)

Gregory, R.L.: Eye and Brain, McGraw Hill, New York, NY, 1966

Grötzinger, W.: Kinder kritzeln, zeichnen, malen, Prestel, München, 1970

Guntrip, Harry: Schizoid Phenomena, Object-Relations and the Self, Int. Universities Press, New York, NY, 1969

Haley, Jay: Uncommon Therapy, W.W. Norton & Co., New York, NY, 1973 (Die Psychotherapie Milton H. Ericksons, Pfeiffer Verlag, 1978)

Hartwig H. und Menzen K.H. (Hrsg.): Kunsttherapie, Verlag Ästhetik und Kommunikation, Berlin, 1984

Hillman, James: Re-Visioning Psychology, Harper & Row, New York, NY, 1977

Hillman, James: The Dream and the Underworld, Harper & Row, New York, NY, 1979 (Am Anfang war das Bild, Kösel, München, 1983)

Hillman, James: Egalitarian Typologies versus the Perception of the Unique, Eranos Lectures, 4, Spring Publications, Dallas, TX, 1980

Hillman, James: Archetypal Psychology, Spring Publications, Dallas, TX, 1985

Hofmann, W.: Die Geburt der Moderne aus dem Geist der Religion, Ausstellungskatalog «Luther und die Folgen für die Kunst», Prestel, München 1985

Jacobi, Jolande: Vom Bilderreich der Seele, Walter Verlag, Olten, 1989

Jung, Carl G.: Dreams, Princeton University Press, Princeton, NJ, 1974, translated by R. F. C. Hull

Jung, C. G.: Der Mensch und seine Symbole, Walter Verlag, Olten, 1968

Kellogg, Rhoda: Analyzing Children's Art, National Press Books, Palo Alto, CA, 1969

Kohut, Heinz: The Restoration of the Self, International Universities Press, New York, NY, 1977 (Die Heilung des Selbst, Suhrkamp Verlag, Frankfurt/M., 1981)

Kopp, Sheldon B.: Guru, Science and Behavior Books, Palo Alto, CA, 1971

Kopp, Sheldon B.: If You Meet Buddha on the Road, Kill Him!, Science and Behavior Books, Palo Alto, CA, 1972 (Triffst du Buddha unterwegs ..., Fischer, Frankfurt/M., 1988)

Kopp, Sheldon B.: Mirror, Mask and Shadow, Bantam Books, New York, NY, 1982 (Spiele der Selbsttäuschung, Eugen Diederichs Verlag, München, 1985)

Kramer, Edith: Art Therapy in a Children's Community, Charles C. Thomas, Springfield, IL, 1958 (Kunst als Therapie mit Kindern, Ernst Reinhardt, München, 1978)

Kramer, Edith: Childhood and Art Therapy, Notes on Theory and Application, Schocken Books, New York, NY, 1979

Kwiatkowska, Hanna, Y.: Family Therapy and Evaluation Through Art, Charles C. Thomas, Publ., Springfield, IL, 1978

Lachman-Chapin, Mildred: Kohut's Theories on Narcissism: Implications for Art Therapy, American Journal of Art Therapy, 19 (1): 3–9, 1980

Landgarten, Helen, B. Clinical Art Therapy, Brunner/Mazel, New York, NY, 1981 (Klinische Kunsttherapie, Gerardi Verlag, Karlsruhe, 1990)

Lankton, Steve: Practical Magic, Meta Publications, Cupertino, CA, 1980

Lankton, Steve R. & Lankton, Carol H.: The Answer Within - A Clinical Framework of Ericksonian Hypnotherapy, Brunner/Mazel, Publishers, New York, NY, 1983

Leuner, Hans Carl: Katathymes Bilderleben, Huber Verlag, Bern, 1981

Lowenfeld, Victor: The Lowenfeld Lectures, Pennsylvania State University Press, University Park, PA, 1982

MacRae, Margaret: Combining Music with Art Psychotherapy, Art Psychotherapy, 1 (3/4), 1973

May, Rollo: The Courage to Create, Bantam Books, New York, NY, 1975 (Der Mut zur Kreativität, Junfermann Verlag, Paderborn, 1987)

McNiff, Shaun: The Arts and Psychotherapy, Charles C. Thomas, Publ., Springfield, IL, 1981

Miller, Alice: Bilder einer Kindheit, Suhrkamp Verlag, Frankfurt/M., 1985

Miller, Donald F.: Metaphor, Thinking and Thought, ETC A Review of General Semantics, Vol. 39 - No. 3, Fall 1982, General Semantics, San Francisco, CA

Morgenthaler, Fritz: Der Traum, Campus Verlag, Frankfurt/M., 1986

Naumburg, Margaret: Dynamically Oriented Art Therapy, Grune & Stratton, New York, NY, 1966

Neumann, Erich: Art and the Creative Unconscious, Translated by

Ralph Manheim, Pantheon Books, New York, NY, 1959 (Kunst und schöpferisches Unbewußtes, Daimon Verlag, Zürich, 1980)

Oaklander, Violet: Windows to Our Children, Real People Press, Moab, UT, 1978 (Gestalttherapie mit Kindern und Jugendlichen, Klett-Cotta Verlag, Stuttgart, 1989)

O'Hare, David (Editor): Psychology and the Arts, Humanities Press, Inc., Atlantic Highlands, NJ, 1981

Ortony, Andrew: Understanding Metaphors, Psychology and the Arts, David O'Hare, Editor, Humanities Press, NJ, 1981

Perls, Fritz: The Gestalt Approach & Eye Witness to Therapy, Bantam Books, New York, NY, 1973

Polster, E. & M.: Gestalt Therapy Integrated, Random House, New York, NY, 1974 (Gestalttherapie, Fischer Taschenbuch 42150)

Rhyne, Janie: The Gestalt Approach to Experience, Art, and Art Therapy, American Journal of Art Therapy, 12 (4): 237–248, 1973

Riedel, Ingrid: Tabu im Märchen, Walter, Olten, 1985

Robbins, Arthur & Sibley, Linda B.: Creative Art Therapy, Brunner/Mazel, New York, NY, 1976

Rogers, Carl: Die klientenzentrierte Gesprächs-Psychotherapie, Fischer, Frankfurt/M., 1978

Roheim, Geza: The Gates of the Dream, International Universities Press, New York, NY, 1952

Rosen, Sidney: My Voice Will Go With You, Norton & Co., New York, NY, 1978 (Die Lehrgeschichten von Milton Erickson, Iskopress, Hamburg o. J.)

Rothenberg, Albert & Hausman, Carl R.: The Creativity Question, Duke University Press, Durham, NC, 1976

Rubin, Judith, A.: The Art of Art Therapy, Brunner/Mazel, New York, NY, 1984

Rycroft, Charles: The Innocence of Dreams, Pantheon Books, New York, NY, 1979

Sandner, Donald: Navaho Symbols of Healing, Harcourt Brace Jovanovich, New York, NY, 1979

Schorr, Joseph E.: Psycho-Therapy Through Imagery, New York, NY, 1980

Schottenloher, Gertraud: Kunst- und Gestaltungstherapie, Kösel Verlag, München, 1989

Schuster, Martin: Kunsttherapie, DuMont Verlag, Köln, 1986

Silver, Rawley A.: Developing Cognitive and Creative Skills Through Art, University Park Press, Baltimore, MD, 1978

Springer, Sally P. and Deutsch, Georg: Left Brain, Right Brain, W.H. Freeman, San Francisco, CA, 1981 (Linkes - Rechtes Gehirn, Spektrum Verlag, Heidelberg, 1987)

Stern, Arno: Introduction to Creative Education, Algonquin Publishing, Montreal

Stern, Arno: Le Monde des Autres, Delachaux & Niestle, Neuchâtel, 1974

Stevens, John O.: Awareness, Real People Press, Moab, UT, 1971 (Die Kunst der Wahrnehmung, Kaiser Verlag, München, 1975)

Sullivan, Harry S.: The Interpersonal Theory of Psychiatry, W.W. Norton, New York, NY, 1953 (Die interpersonale Theorie der Psychiatrie, Fischer, Frankfurt/M., 1980)

Tauber, Edward S. and Green Maurice R.: Prelogical Experience, Basic Books, New York, NY, 1959

Tietze, Henry: Imagination und Symboldeutung, Knaur, München, 1986

Ullman, Montague and Zimmerman, Nan: Working with Dreams, Delacorte Press, New York, NY, 1979 (Mit Träumen arbeiten, Klett-Cotta Verlag, Stuttgart, 1986)

Ulman, Elinor & Cachinger, Penny (Editors): Art Therapy in Theory and Practice, Schocken Books, New York, NY, 1975

Ulman, Elinor & Levy, Claire A. (Editors): Art Therapy Viewpoints, Schocken Books, New York, NY, 1980

Vernon, P.E. (ed.): Creativity, Selected Readings, Penguin Books, Harmondsworth, 1970

Vom Scheidt, Jürgen: Das große Buch der Träume, Wilhelm Heyne Verlag, München, 1985

Von Franz, Marie-Louise: Traum und Tod, Kösel Verlag, München, 1984

Von Franz, Marie-Louise: Träume, Daimon Verlag, Zürich, 1985

Wadeson, Harriet: Art Psychotherapy, John Wiley & Sons, New York, NY, 1980

Watts, Alan: The Wisdom of Insecurity, Vintage Books, New York, NY, 1951

Watzlawick, Paul: The Language of Change, Basic Books, Inc. New York, NY, 1978

Watzlawick, Paul: Wie wirklich ist die Wirklichkeit?, Piper Verlag, München, 1978

Wilber, Ken: No Boundary, Shambhala Publications, Boulder, CO, 1979

Wilson, Colin: Frankensteins Schloß, Synchron Verlag, Berlin, 1989

Winnicott, D.W.: Therapeutic Consultations in Child Psychiatry, Basic Books, New York, NY, 1971

Winson, Jonathan: Brain & Psyche, Random House, New York, NY, 1986

Wolf, Fred A.: Taking the Quantum Leap, Harper & Row, San Francisco, CA, 1981

Zeig, Jeffrey (Editor): Ericksonian Psychotherapy, Vol. I, Structures, Brunner/Mazel, New York, NY, 1985

Zeig, Jeffrey (Editor): Ericksonian Psychotherapy, Vol. II, Clinical Applications, Brunner/Mazel, New York, NY, 1985

Zinker, Joseph: Creative Process in Gestalt Therapy, Vintage Books, New York, NY, 1977

Bettina Egger

Faszination Malen

Praktisches, Erzieherisches, Anregendes

Mit ihrem Buch will sie keine Anleitung zum Aufbau eines Malateliers vermitteln oder konkrete Anweisungen zur direkten Übertragung ihrer Erfahrungen auf andere Bereiche geben. Vielmehr ist es Bereitschaft, Sensibilisierung für bestimmte Vorgänge und Situationen zu wecken. Was in dem Buch beschrieben wird, ist faszinierend, motivierend und verlockend zugleich.
Der Leser wird gehalten, das Malen und die Malergebnisse als Prozeß zu akzeptieren und nicht deutend oder unter entwicklungspsychologischen Gesichtspunkten einordnend zu betrachten. Der Praktiker erhält viele gute Anregungen, wird aber auch hingewiesen auf die Schwierigkeiten, die bei der Einrichtung eines Malraumes auftreten können.

Bettina Egger

Malen als Lernhilfe

Malen und bildnerisches Gestalten mit verschiedenen Materialien

«Malen als Lernhilfe» ist der zweite Band über Fragen des Malens und bildnerischen Ausdrucks von Bettina Egger.
Die Autorin gibt eine Fülle von Anregungen und Anleitungen für leicht ausführbare Techniken des bildnerischen Gestaltens mit verschiedensten Materialien zur Arbeit mit Kindern ver Vorschul-, Kindergarten- und Primarschulunterstufe, besonders aber auch für die Arbeit mit geistig und körperlich behinderten Kindern.
Wiederum ein faszinierendes Buch, das nicht nur Erziehern, sondern ebenso Eltern empfohlen werden kann und eine eigentliche Pädagogik des Malens darstellt.

Empfohlene Bücher

Bettina Egger

Bilder verstehen

Wahrnehmung und Entwicklung der bildnerischen Sprache

Wer sich vor Kinderzeichnungen immer ein bißchen ratlos-geniert fühlt, weil diese Kritzeleien doch eigentlich gar nichts darstellen, nehme zwecks gegenteiliger Information Bettina Eggers Buch «Bilder verstehen» zur Hand.
Zeichnen und Malen sind eine Ausdrucksform für den momentanen psychisch-physischen Zustand wie auch Erinnerung an die Vergangenheit. Die verschiedenen Urformen der Entwicklungsphasen des Kindes werden dabei nach Margret Mahlers Theorie von Loslösung und Individuation vorgestellt.
Bettina Egger zeigt diese Urformen an Bildbeispielen von zeitgenössischen Künstlern, anhand der figurativen Phasen von Kindern und in Ausdrucksbildern von Erwachsenen auf. Daraus ergibt sich ein lebendig illustriertes und eindrucksvolles Panorama, für viele gewiß auch eine neue Art von Betrachtung.

Zürichsee-Zeitung

Silvia Jacobi

Sinnlicher Alltag

Ein Kreativitäts-Training

Dieses Buch bietet kreative Selbsterfahrung an. Es ist kein Lesebuch, keine Kost für «Schlinger», eher eine Meditation. Ein Prozeß, der die Sinne verfeinert, der die Übenden auf die Suche nach ihrer Schaffenskraft schickt. Ein Buch, das zu Erlebnisfähigkeit und persönlichem Ausdruck ermuntert.
Der Übungszyklus richtet sich an erwachsene Personen jeden Alters, die sich zutrauen, nach inneren Schätzen zu forschen.
Riten und Bräuche alter Kulturen, in die heutige Sprache übersetzt, helfen mit, ursprüngliche Arzneien geistiger Art wiederzufinden. Neue Spielräume, neue uralte Arten der Energiegewinnung tun sich auf. Das Vertrauen in die eigenen schöpferischen Möglichkeiten läßt gesundes Selbstvertrauen wachsen und macht aus grauen All-Tagen farbige Tage, die zu pflücken, zu erleben sich lohnt.
Was braucht es, um kreativere Tage ernten zu lernen? Zeit, eine ruhige Ecke, Kontakt zur Natur, Farben, Bleistift... und eine neugierige Einstellung sich selbst gegenüber – für einmal ohne Bewertung. Kreativität ist lernbar, trainierbar, sagt Silvia Jacobi, und sie legt eine Fülle von anschaulichen Anregungen vor, die darauf abzielen, das Vertrauen in die eigenen Fähigkeiten zu stärken.

Iris Galey
Ich weinte nicht, als Vater starb

Iris Galey gehört zu den wenigen Opfern sexuellen Kindesmißbrauchs, denen es gelingt, das Schweigen über den an ihnen verübten Inzest zu brechen. Mit vierzehn gibt sie, verzweifelt über die erwartete Rückkunft ihres Vaters von einer längeren Reise, das grausame Geheimnis preis. Ihre Umwelt reagiert seltsam ruhig: Der Vater wird zwar durch die Polizei observiert, aber niemand stellt ihn zur Rede, das Mädchen wird als Lockvogel benutzt, da die schweren körperlichen Verletzungen des Opfers anscheinend nicht ausreichen, um gegen ihn vorzugehen. Iris steht tagelang unter Todesangst, bis sie vor dem Vater flüchtet und dieser, seine Entlarvung ahnend, sich der Verantwortung durch Selbstmord entzieht.
Das kleine Mädchen, dem die Angst zum vertrautesten Gefährten wurde, ist - nun endlich befreit - zur Schuldigen am Tod ihres Vaters geworden: sie wird in ein Mädcheninternat gesteckt und lernt zu tun, was von ihr erwartet wird, zu schweigen und sich anzupassen.
Sie stürzt sich in eine Liebesgeschichte mit einem älteren Lehrer, wird von diesem verlassen, heiratet, weil sie ein Kind erwartet, landet schließlich in der Psychiatrie, weil sie ihren Mann und das Leben mit ihm nicht mehr ertragen kann. Alle Erfahrungen, die sie macht, sind geprägt vom Stempel ihrer Kindheit, und nur mühsam gelingt es ihr, sich zu einem erwachsenen, selbstbestimmten Menschen zu entwickeln.
Mit einem unwahrscheinlichen Mut zur Erinnerung schreibt sie ihre Geschichte und findet eine Sprache, die es ihr möglich macht, mit einem kleinen Mädchen zu fühlen und seinen Lebensweg, geprägt von Scham und Schuld, von vornherein zum Scheitern verurteilt, bis hin zur Befreiung nachzuvollziehen. Iris Galeys Geschichte macht betroffen, läßt keine Distanzierung zu und macht klar, daß das Tabuthema Inzest von uns allen nicht länger unangetastet bleiben darf.

Brigitte Ithaler, An. Schläge

Iris Galey
Die Seelenvergewaltiger
Lebensgeschichte zweiter Teil

Iris Galeys erstes Buch, «Ich weinte nicht, als Vater starb», ist nicht nur zum Welterfolg, sondern für die Autorin selbst und für viele Leserinnen mit ähnlichem Schicksal zur Befreiungstat und zur Befreiung geworden. Sie schildert darin, wie sie als Mädchen von ihrem Vater sexuell mißbraucht worden ist, und sie zeigt vertiefend die Folgen (u.a. eine zum Scheitern verurteilte erste Ehe) auf, die dieses Verbrechen gegen Leib und Seele für sie hatte und hat.
Jetzt legt Iris Galey ein zweites Buch vor. In der Form eines emotional ungeheuer aufgeladenen Berichts mit Tagebucheinschüben und Briefauszügen erzählt sie ihr weiteres Schicksal. Mit ihrem zweiten Gatten und dem Kind aus dieser Ehe wanderte sie 1980 nach Neuseeland aus. Fortan ist das Leben der Autorin bestimmt von Heimweh und von Schuldgefühlen gegenüber den Zurückgelassenen, wie früher schon zudem von mangelnder Selbstachtung und von einem zwanghaften Gehorsamsdrang; neu und zusätzlich belastend kommt hinzu, daß ihr Gatte sich einer fundamentalistischen Sekte zuwendet. All das stellt sich der Selbstfindung und Selbstwerdung der mittlerweile fünfzigjährigen Frau lange fast unüberwindlich in den Weg. *C. C., Der Bund*

Marc Rufer

Irrsinn Psychiatrie

Psychisches Leiden ist keine Krankheit/
Die Medizinalisierung abweichenden Verhaltens - ein Irrweg

Der Buchtitel ist Programm: Rufer formuliert, in seiner nicht eben eleganten Sprache, eine radikale Kritik am Psychiatriealltag in der Schweiz, insbesondere an der Medikamentenabgabe in den Kliniken. Das Buch ist da stark, wo es konkret wird, Leute und Institutionen beim Namen nennt, sich vor direkter Konfrontation nicht scheut - und z.B. Kritik an der Medikamentenabgabe und an der Drogenpolitik am Beispiel der Stadt Zürich übt. Marc Rufer fordert mit viel Moral ein entschiedenes Umdenken: Während die Verabreichung von psychotropen Beruhigungsmitteln (Neuroleptika) grundsätzlich verboten werden solle, müsse die Abgabe von Heroin legalisiert werden, um sowohl die Qualität des Stoffes abzusichern, als auch - über die Verbesserung der Lebensverhältnisse der Abhängigen - die Drogenszene zu entkriminalisieren.
Das von Rufer geforderte Neuroleptika-Verbot dürfte nicht nur auf den Widerstand der Pharmaindustrie stoßen. Auch Ärzte, die dem Psychiatriealltag durchaus kritisch gegenüberstehen, sehen in gewissen Situationen keine Alternative zur Verabreichung von Neuroleptika. *g.k, Tages-Anzeiger*

Marc Rufer

Wer ist irr?

Marc Rufer führt die in seinem ersten Buch «Irrsinn Psychiatrie» begonnene umfassende Psychiatriekritik weiter.
Das Buch enthält fünf Sachartikel und zwei fiktive Geschichten. Der Autor beschreibt den Leidensweg von zwei Männern, der eine ist gemäß der Denkweise der Psychiatrie «manisch», der andere «schizophren». Wer mit einer dieser beiden Diagnosen leben muß, der gilt als Mensch, dessen Fühlen und Verhalten letztlich unverständlich ist. Hintergrund und Ergänzung dieser beiden Geschichten bilden die Sachartikel, die aus wechselnden Blickwinkeln Theorie und Praxis der Psychiatrie kritisch beleuchten: Es wird aufgezeigt, daß die Vernichtung minderwertigen Lebens im NS-Staat eng mit rassenhygienischen Vorstellungen, wie sie führende Psychiater seit langem mit großem Eifer verkündet hatten, verbunden war. Sehr ähnlich wie der Rassismus und Sexismus vertritt die Psychiatrie einen pseudowissenschaftlich begründeten Biologismus. Dem medizinisch-biologischen Modell wird das sinnvollere, soziale Modell der «Geisteskrankheiten» gegenübergestellt. Seitdem Neuroleptika eingesetzt werden, ist es einfach, an der psychiatrischen Gewaltausübung vorbeizusehen.

Jürg Jegge

Dummheit ist lernbar

Erfahrungen mit «Schulversagern»

Da wird keine lerntheoretische Pirouette gedreht oder sprachpädagogische Akrobatik vorgeführt. Ebenso behutsam, wie wohl Lehrer Jegge seinen Kindern Selbstvertrauen einflößt, führt Autor Jegge seinen Leser zur Einsicht, daß die vermeintliche Lernunwilligkeit der Schüler größtenteils «auf die fortgesetzten Entmutigungen und Kränkungen» zurückgeht, «denen das Kind in der Familie und in der Schule ausgesetzt ist und denen es nichts entgegenzusetzen hat».
Indem nämlich vorgeführt wird, daß die Schule die «beschränkten» Kinder durch angemessene Betreuung von ihren Behinderungen durchaus befreien könnte, indem aufgezeigt wird, wie die Schüler aus ihrer Vereinsamung, ihren ständigen Mißerfolgs-Erlebnissen und ihren (bis zum Suizid-Versuch gesteigerten) Lebensängsten herauszuführen sind, wird augenfällig, welche erzieherischen Möglichkeiten die Grundschule eigentlich hat, ohne sie zu nutzen. *Weltwoche*

Jürg Jegge

Angst macht krumm

Erziehen oder Zahnrädchen schleifen

Die zornigen Passagen über die «Closomat-Kultur» am Anfang des Buches halten vielleicht manchen Leser vom Weiterlesen ab. Es wäre schade um die weiteren, wichtigen Kapitel: etwa um die kluge Darstellung der Pubertätsphase als der schwierigen Zeit, in der dem in rascher körperlicher Entwicklung begriffenen Jugendlichen die Einpassung in die erwachsene Gesellschaft abverlangt wird und in der er diesen Übertritt beängstigend nah und endgültig vor sich sieht. Oder um den Bericht über Erfahrungen im Schulversuch «Schule in Kleingruppen», in dem der Autor anhand vieler Beispiele beherzigenswerte Prioritäten setzt und höchst Praktikables sagt. *Neue Zürcher Zeitung*

Paul Michael Meyer

Liebe Eltern, die Schule ist nicht so

Gegen die «lauwarme Praxis» und für eine «menschengerechte Schule» setzt sich der Berner Lehrer Paul Michael Meyer in seinem unlänger erschienenen «unsachlichen Sachbuch» ein.
Meyer geht aus von seiner gutbegründeten Kritik an der Leistungsfähigkeit der Schule, ihren Ritualen, ihrer Beurteilungs- und Selektionspraxis. Dann unterrichtet er Eltern und Lehrer - sein Zielpublikum - sachlich über die Defizite der Institution. Dabei läßt er es aber nicht bewenden: Weil für ihn jedes Kind ein besonderes Kind, eine unverwechselbare, einmalige Persönlichkeit ist, welche auch als solche wahrgenommen werden will, muß sich Schule laut Meyer in einer von allen Beteiligten gemeinsam unternommenen Anstrengung hin zu einer menschengerechten, eben: kindergerechten Institution entwickeln.
Ein Buch also gegen monotones, langweiliges Lehren, gegen die Institution als Beschäftigungs- und Aufbewahrungsanstalt, als «intensiv genutzte Monokultur», für einen Unterricht des tastenden und suchenden Lernens, hin zu einer vertrauenden und ermutigenden Pädagogik. Jenen, die im Lehrer noch den «Initianten einer Klimaverbesserung» zu sehen vermögen, jenen, die sich gegen die Machermentalität von Eltern und Unterrichtenden wenden, ist dieses Buch zu empfehlen. Ihren Gegnern ebenso.

hrg. Neue Zürcher Zeitung

Ernst Waldemar Weber

Schafft die Hauptfächer ab!

Plädoyer für eine Schule ohne Streß

Ernst Waldemar Weber hat in Schulversuchen festgestellt, daß mehr Musikstunden bei gleichzeitigem Stundenabbau in Mathematik und Sprache keine schlechteren Leistungen in den Hauptfächern zur Folge haben, sondern daß die Versuchsklassen - dank besserer Konzentration und Motivation - trotz reduzierter Stundenzahl weiterkamen als Klassen mit normalem Stundenplan. Ein Beweis mehr, daß künstlerisch-musische Fächer zu Unrecht zu «unwichtigen» Nebenfächern verkommen sind. Trotzdem basieren die Staatsschulen zu einem großen Teil auf Hauptfächern, die im besten Fall das logisch-analytische Denken schulen, im schlechteren die Kinder dazu erziehen, erlerntes Wissen zu reproduzieren. Damit beansprucht die Schule das menschliche Gehirn als Doppelnatur nur einseitig: lineares, analytisches Denken geschieht in der linken Hirnhälfte, die rechte ist für ganzheitliches Erfassen von komplexen Zusammenhängen und für kreativ-künstlerische Tätigkeiten verantwortlich. Wo lernen die Menschen ganzheitliches Denken, wenn nicht in der Schule? Ernst Weber fordert keine umgekehrte Einseitigkeit, sondern die Berücksichtigung aller Fähigkeiten des Menschen, der analytischen und kreativen Talente. Ein Großteil der Schulmisere könnte beseitigt werden, die Schule würde wieder Persönlichkeiten schaffen, nicht frustrierte Wissensbehälter wie jetzt.